Pourquoi les Français
sont les moins fréquentables
de la planète

Éditions Eyrolles
1, rue Thénard
75240 Paris Cedex 05
www.eyrolles.com

www.franceinter.com

© Groupe Eyrolles, 2005
ISBN : 2-7081-3336-5

Olivier Clodong   José-Manuel Lamarque

Pourquoi les Français sont les moins fréquentables de la planète

Préface de Daniel Goeudevert

EYROLLES

SOMMAIRE

2

Ignorance et fantasmes
Une enquête inédite sur les Européens tels que nous les voyons 13

© Eyrolles

③

Le grand nuancier européen
Au-delà de nos idées reçues, 24 portraits pour connaître nos voisins 65

PRÉFACE

Au vestiaire, les préjugés !

La construction européenne n'a jamais été l'affaire des Européens eux-mêmes !

Aujourd'hui encore, les peuples des Etats membres ne sont pas acteurs de leur propre intégration dans un ensemble qui compte désormais vingt-cinq pays et plus de 450 millions d'habitants.

Le constat est rude, mais beaucoup, aujourd'hui, l'admettent juste.

Cette situation résulte d'une multitude de facteurs.

L'un d'entre eux est la méconnaissance réciproque qui caractérise des voisins qui, bien que vivant côte à côte, se regardent et se rencontrent peu, ne communiquent guère davantage entre eux, et sont encore loin d'avoir acquis le réflexe de coopérer et d'entreprendre ensemble.

Un autre facteur tient dans la vivacité des préjugés et idées reçues que nous développons les uns par rapport aux autres. Presque sans nous en rendre compte, nous émettons en effet chaque jour des jugements sur tel ou tel voisin qui serait « paresseux », « profiteur », « arrogant », que sais-je encore...

Je n'ignore pas qu'il est illusoire d'espérer de nos contemporains qu'ils modifient du jour au lendemain ce genre d'attitude... et d'habitude.

Mais il me semble important que chacun de nous prenne conscience qu'il peut faire un pas vers l'autre et laisser quelques-uns de ses préjugés au vestiaire !

Car avant d'être, les Européens doivent s'apprendre....

C'est le message essentiel que OLIVIER CLODONG et JOSÉ-MANUEL LAMARQUE ont voulu faire passer dans ce livre.

Je tenais à m'y associer.

DANIEL GOEUDEVERT
Consultant international

INTRODUCTION

500 millions d'Européens
appelés à vivre ensemble

- Comment les Européens nous voient-ils?
- Et nous, à contrario, comment les percevons-nous?
- Quels mythes, légendes et stéréotypes leur sont attachés?
- D'où proviennent ces acquis culturels et quels en sont les mécanismes?
- Comment les Européens sont-ils réellement dans la vie?

En répondant à ces questions et à beaucoup d'autres, nous avons voulu dans cet ouvrage :

- Décrypter notre «prêt à penser» sur les manières d'être des Européens.
- Mettre à jour les mécanismes de nos préjugés sur des voisins si proches et pourtant si mal connus.
- Éclairer notre vision sur leur façon de vivre par l'acquisition de nouveaux savoirs.
- Montrer que l'Europe des comportements réels n'est pas toujours celle des comportements supposés.

• Affirmer que pour les citoyens de l'Union, il est aujourd'hui plus que jamais urgent de «s'apprendre» tant l'enjeu est de taille :

Près de 500 millions d'Européens sont en effet appelés à vivre ensemble...

OLIVIER CLODONG
JOSÉ-MANUEL LAMARQUE

1

UN TOUR D'EUROPE AU VITRIOL

Les Français vus par les Européens

Les individus les moins fréquentables de la planète?

C'est ce que l'on est en droit de penser à la lecture des conclusions d'une récente enquête consacrée aux «Français vus d'Europe». Nos voisins Allemands nous trouvent «prétentieux, désinvoltes et frivoles», les Anglais nous jugent «chauvins, intransigeants, assistés et sans humour», les Néerlandais nous voient comme des «agités, bavards et peu sérieux»...

Quant à nos amis Espagnols, ils nous considèrent «froids, distants, vaniteux et malpolis». Et ce n'est pas tout. Nos cousins Suédois nous attribuent sans complaisance les adjectifs de «désobéissants, immoraux, inorganisés, néocolonialistes et sales», les Portugais nous estiment «donneurs de leçons et hautains», les Italiens «snobes et arrogants», et les Grecs «pas très malins»...

Fermez le ban!

© Eyrolles

1

Vive la France... sans les Français!

Dans cet inventaire, ne trouve-t-on pas au moins quelques adjectifs réconfortants? Ne suggérons-nous vraiment aucune impression un tantinet flatteuse à nos voisins?

Si, si, rassurez-vous. Nous sauvons l'honneur hexagonal grâce à quelques stéréotypes plus élogieux : «intelligents» (qui revient quelquefois), «amateurs de bonne chère» et tenanciers d'un certain «bon vivre» (qui reviennent plus souvent).

Mais de manière générale, force est de constater que les Européens nous envient surtout un patrimoine, une organisation, une qualité de vie, des techniques... la France sans les Français en quelque sorte.

C'est ainsi que notre cuisine suscite l'admiration, nos grandes écoles sont reconnues comme des modèles de formation, notre secteur aérospatial est considéré comme le seul vrai rival de celui des Américains, notre sécurité sociale est citée en exemple (preuve que la perception du caractère abyssal de son déficit n'a pas encore franchi nos frontières), nos plages azuréennes et bretonnes font envie et... Paris sera toujours Paris.

Brillants ingénieurs au pays des bérets-baguettes

Cependant et à y regarder de plus près, loin d'inspirer une perception unique et absolue, nous déclenchons chez les autres Européens des appréciations aux contrastes saisissants.

Notre enracinement rural, notre attachement à la terre et à certaines traditions ancestrales, les parties de pétanque sur la place du village et les commentaires qu'elles suscitent invariablement aux comptoirs des cafés, sont toujours des images fortement ancrées dans l'imaginaire de la plupart de nos voisins. Nous n'allons pas vous dire le contraire.

2

Mais elles doivent désormais cohabiter avec de nouvelles impressions liées à notre dynamisme en matière de recherche, à la modernité et au renouveau technologique qui caractérisent certains de nos secteurs industriels.

Aux domaines hexagonaux qui bénéficient depuis longtemps d'une image de qualité (le luxe, le tourisme, la gastronomie), les Européens ajoutent désormais d'autres points forts. Ils citent nos ingénieurs en exemple, leur reconnaissent d'importants succès : le récent gros porteur A380, le TGV, les tramways made in France qui équipent plusieurs métropoles européennes, les technopoles où collaborent avec bonheur universitaires, chercheurs et entreprises...

Les Français? c'est simple, ils ne vous écoutent jamais!

Cette excellence reconnue aux Français est cependant brouillée, parasitée, par des comportements jugés hautains.

«C'est la même chose à chaque séminaire» soupire ainsi ALASTAIR MOFATT. La trentaine tout juste dépassée, Londonien, ALASTAIR travaille depuis quatre ans pour le compte d'une grande entreprise liée au secteur informatique.

Des rencontres interprofessionnelles, il en vit chaque trimestre ou presque. Il témoigne : *«dans ce genre de réunions, c'est très simple, les Français n'écoutent pas, ils campent sur leurs certitudes, ils considèrent votre exposé avec ironie quand ils ne se moquent pas ouvertement de vous, et ils ne se remettent jamais en question, même lorsque vous leur prouvez par A + B qu'ils se trompent.»*

Caractère dominant : l'arrogance

Il n'y a pas que lors des séminaires que ce comportement apparaît au grand jour. Car l'arrogance semble bel et bien le caractère dominant que les Européens nous octroient. Parlez-en à NIKOS PALADIS... Cet hôtelier-restaurateur grec gère un établissement trois étoiles à Thessalonique; il est référencé dans la plupart des catalogues de voyagistes français, alors des «Frenchies» comme il dit, il en voit beaucoup, «plus de 500 chaque année».

«Avec les Français» précise NIKOS, *«il y a deux cas de figure : soit ils sont seuls, en couple ou en famille et alors ils sont charmants; soit ils voyagent en groupe, dans des séjours organisés, ce qui est le plus fréquent, et là, ils sont infernaux. Ils sont arrogants, critiquent la nourriture, la chambre, le service, même les autochtones. Rien n'est assez bien pour eux, rien ne trouve grâce à leurs yeux. En plus ils sont bruyants et se moquent pas mal d'incommoder les tables avoisinantes. J'ajoute qu'ils ne sont pas toujours très propres et laissent parfois la chambre dans un état franchement dégoûtant.»*

Du garçon de café au diplomate en passant par le journaliste

«L'arrogance des Français se manifeste partout et tout le temps» renchérit WILLY VILMOT, un diplomate qui vit à Bruxelles et connaît bien la France et les Français. *«Dans toutes les négociations communautaires auxquelles j'ai pu assister, j'ai constaté un trait commun à vos hauts fonctionnaires : ils sont hautains, arrogants et méprisants. Ils savent tout sur tout et n'ont surtout rien à apprendre de leurs homologues...».*

«Ce qui est troublant», poursuit notre diplomate, *«c'est que j'ai le sentiment de retrouver ce trait de caractère chez tous vos compatriotes... Par exemple à la télévision française, pourtant largement diffusée et regardée en Belgique, les noms des hommes politiques Belges, premier ministre en tête, sont systématiquement égratignés, à croire que vos journalistes le font exprès. En tous cas, il est évident qu'ils ne font vraiment aucun effort de prononciation. Et*

4

vous savez, à Paris, même le comportement de vos garçons de café est méprisant. Pas blasé, je dis bien méprisant...».

Symétrie avec la façon dont les Français voient les Américains

Un témoignage recueilli sur internet, émanant d'un autre diplomate, JOHN LAUGHLAND, éclaire à sa manière cette impression : *«Pour qu'un Français saisisse parfaitement la nature de l'image d'arrogance de la France à l'étranger, il lui suffit de faire une simple transposition de l'image qu'ont les Français des États-Unis. Il existe, en effet, une quasi symétrie des représentations. Très sensibles à l'hégémonie américaine, les Français y voient une arrogance. Les étrangers ont la même représentation de la France. La seule différence est que les Américains, eux, ont une stratégie.»*

«Ils sont toujours contents d'eux»

MANUELA CASTILLO jette sur nos compatriotes un regard plus nuancé. Cette jeune femme espagnole, la quarantaine approchant, vit à Bilbao et vient régulièrement en France où elle a conservé *«des amis depuis un stage professionnel effectué dans une société parisienne d'assurance en 1991»*. Lorsqu'on lui demande de parler des Français, le regard de MANUELA s'anime : *«ils sont plutôt sympathiques, du moins ceux que je connais. Ils sont intelligents, c'est incontestable, et ils ont de l'humour. Mais ils ont aussi de gros défauts : ils sont constamment contents d'eux, ils se regardent beaucoup trop le nombril et ils se voient les meilleurs en tout. C'est dommage.»*

Le «portrait chinois» de KARL, Munichois, ingénieur dans l'industrie automobile [1]

Pour vous dire la façon dont je vois les Français, je vous ai préparé un petit portrait chinois, car je sais que c'est un exercice très à la mode chez vous.

Alors, si le Français était un animal, ce serait le coq, votre emblème national, mais avec des plumes de paon pour faire le beau ; ou alors un caméléon, car il change tout le temps. Si c'était une musique, ce serait un mélange de valse viennoise pour le romantisme, de roulement de tambour pour l'arrogance et de flamenco pour l'inorganisation. Mais je ne sais pas trop ce que cela donnerait au final... Si c'était une couleur, ce serait plutôt le bleu, celui des plages de la Martinique qui sont très belles. Si c'était un objet, ce serait un porte-voix : d'une part parce que les Français ne savent pas parler sans hurler et d'autre part parce que le porte-voix, c'est l'outil des manifestants. Et les Français manifestent tout le temps... Et si c'était un plat, ce serait ce que l'on appelle chez nous les «vorspeisen», des entrées sans recette précise, chaudes ou froides, diversifiées et aléatoires...

Un vrai manque d'ouverture d'esprit

Un regard en partie partagé par HELMUT SCHMITT (sans lien avec l'ancien chancelier allemand dont il est simplement l'homonyme). Ce Bavarois, professeur d'histoire et de français, connaît bien les Français lui aussi et son témoignage rejoint celui de MANUELA : *« les Français sont attachants, mais ils le seraient encore plus s'ils cessaient de considérer ce qu'ils ne connaissent pas comme étant*

---

[1] Certains des témoignages que nous avons glanés nous paraissant particulièrement dignes d'intérêt, originaux, poétiques, imagés ou amusants, nous avons choisi d'en retranscrire intégralement cinq après traduction dans les quelques pages qui suivent.

© Eyrolles

sans intérêt. Ils ont un vrai manque d'ouverture d'esprit. Par exemple, ils sont très fiers de leur histoire, à juste titre d'ailleurs, mais ils abusent de cet atout et le transforme en sentiment de supériorité et en mépris de l'autre. C'est très regrettable.»

Les «qu'est-ce qui dit, pilote?»

Dans cette logique, la plupart des Européens reprochent aux Français de ne faire guère d'effort dans l'apprentissage des langues étrangères. «S'intéresser à autrui, cela commence par essayer de communiquer avec lui, or de ce point de vue, les Français ne paraissent guère motivés» souligne ainsi le journaliste britannique PATRICK JAMES.

Une anecdote révélatrice

À ce sujet, un pilote sur long courrier nous a rapporté l'anecdote suivante : «vous savez comment, dans les aéroports internationaux, les opérateurs des tours de contrôle surnomment les pilotes français? Ils les appellent les «qu'est-ce qui dit, pilote?», pour la bonne raison que souvent, les pilotes français demandent à leur co-pilote de leur répéter (ou de leur traduire) les informations communiquées par la tour de contrôle...».

Désobéissants chroniques

Une autre étiquette nous est souvent attribuée : elle concerne notre image d'individus désobéissants, révoltés et fauteurs de troubles. Un stéréotype particulièrement développé chez certains Européens tels que les Suédois, les Danois, les Finlandais et même les Anglais.

STEFAN LARSON étudie les sciences politiques à Stockholm. Pour ce jeune Suédois, *«les Gouvernements français, quel que soit leur tendance politique, ressemblent à des parents qui n'ont aucune prise sur leurs enfants. Ils donnent l'impression de ne pas pouvoir induire de changements sociologiques, d'avoir parfois le plus grand mal à maintenir l'ordre public, et de ne pas pouvoir intervenir sur l'évolution de la société française. À la télévision suédoise, à chaque fois que nous voyons des images de Paris, elles nous montrent des rues remplies de manifestants, des grévistes par centaines de milliers et des trains à l'arrêt! C'est inconcevable chez nous.»* Et notre étudiant de conclure : *«c'est à croire que vous autres Français êtes toujours en grève!».*

Une impression globalement partagée par les Anglais, du moins par leurs tabloïds. Le sérieux et respectable *The Economist* comparait ainsi il y a encore peu de temps la France à une *«République bananière»* assiégée de *«grévistes par millions»* et soumise aux *«émeutes de rue»...*

«Il y a les Parisiens et les autres», par ROBERTO, Turinois, étudiant

Pour moi, il y a les Parisiens d'un côté et le reste des Français de l'autre. Et ils n'ont rien en commun. La première fois que je suis allé à Paris, on m'avait dit : «tu verras, ça ressemble à Turin». Je cherche toujours en quoi. Les Parisiens sont froids, individualistes, ils ne s'intéressent qu'à eux... Quand vous leur demandez un renseignement, ils n'ont jamais le temps... À Paris, je me suis vraiment senti étranger. D'ailleurs les seules personnes avec lesquelles j'ai noué des contacts, c'étaient des Espagnols et des Belges.

Plus tard, je suis retourné en France, passer des vacances en Dordogne. Il y avait plein d'Anglais, c'était curieux. Il y avait évidemment surtout des Français. Mais là, rien à voir avec les Parisiens; ils étaient accueillants, drôles, généreux. J'ai retrouvé cette chaleur lorsque je suis allé à Toulouse quelques mois plus tard. Je pense donc sincèrement qu'il y a vraiment les Parisiens et les autres.

© Eyrolles

8

Un comportement d'adolescent

On l'aura compris, considérée du point de vue des Européens, l'obéissance n'est pas à franchement parler une spécialité française; la fiabilité non plus. FLORIAN GADEN, professeur d'économie à Graz, est ferme sur ce point : *«pour nous en Autriche, le respect de la parole donnée compte énormément, notamment en affaires. Or dans ce domaine, les Français ne tiennent pas toujours parole et ne sont pas fiables. Le volte-face, ils connaissent. En plus, ils se soucient peu des conséquences de leur instabilité. J'irais presque jusqu'à dire qu'ils se comportent parfois comme des adolescents».*

Un défaut de maturité que PIERRE VERLUISE (Directeur de séminaire au Collège interarmées de défense), a pour sa part constaté à un autre niveau : *«les pays les plus riches du monde considèrent que les Français manquent singulièrement de maturité à propos des grands principes».*

«L'analogie des philosophes», par MARTINE, professeur de philosophie à Liège	Dans son Nouveau Gulliver publié en 1730, L'ABBÉ DESFONTAINES décrit l'île des philosophes et ceux qui y habitent : «les uns s'occupent à peser l'air; les autres à mesurer le chaud, le froid, le sec et l'humide; à comparer deux gouttes d'eau et à examiner si elles se ressemblent parfaitement... Ils se plaisent surtout à entreprendre de vastes édifices. Ils les commencent d'abord par le faîte, qu'ils étayent le mieux qu'ils peuvent, en attendant que les fondements soient posés; mais souvent, dans cet intervalle, le bâtiment s'écroule et l'architecte est écrasé.»

Voilà. Pour moi, les Français ressemblent aux philosophes de l'Abbé Desfontaines. Ils sont conceptuels, intellectuels, réfléchissent et dissertent beaucoup et sur beaucoup de domaines. Mais ils ne sont guère pragmatiques et terminent rarement les choses qu'ils ont commencées. Ils sont bien meilleurs dans le domaine de l'idée que dans celui de la réalisation.

«Vous ressemblez à votre ancien paquebot», par EMILIO, médecin à Barcelone	Moi qui suis un passionné de bateau, je dis toujours que les Français ressemblent au France, ce fantastique paquebot qui s'appelle maintenant le Norway. C'est une analogie que j'ai imaginée et dont je suis fier. Comme ce navire, les Français ont pour moi un aspect majestueux, solide, conquérant, raffiné, élégant, engageant, attirant. Comme lui, ils suscitent souvent l'admiration ou la curiosité. Mais comme lui, ils sont aussi un peu lourds, difficiles à manier, arrogants, sûrs d'eux et se soucient peu de la rentabilité...

Petit florilège de gifles...

Si vous en êtes d'accord (en fait vous n'avez pas tellement le choix), revenons à des considérations plus légères pour conclure notre petit tour d'Europe. Lorsque nous avons interrogé des Européens et des Européennes sur la façon dont ils ou elles perçoivent spontanément les Français, plusieurs images ont été évoquées, certaines assez surprenantes, d'autres plus prévisibles.

En voici d'abord quelques-unes qui ne manqueront pas de vous faire penser au premier paragraphe de ce chapitre....

MARIA (Rome, Italie) nous trouve *«hypocrites»*, *«surtout les hommes»* qui *«parlent beaucoup mais font tout le contraire de ce qu'ils disent»*. Même sentiment chez MARC (Dublin, Irlande), encore plus direct : *«les Français, ce sont des crocodiles, grande gueule et petits bras»*.

Autres pierres dans notre jardin, celles lancées par LJUBOMIR (Bratislava, Slovaquie) : *«les quelques Français que j'ai eu l'occasion de rencontrer m'ont laissé indifférent»* et par KAREN (Volendam, Pays-Bas), pour qui nous sommes *«sans intérêt particulier, sans saveur»* et qui ne fait *«guère attention»* à nous...

Ce n'est pas l'avis de JÉRÔME (Luxembourg, Luxembourg) pour qui *«les Français arrivent partout en terrain conquis; dès qu'ils sont plus de trois, ils vocifèrent, prennent des attitudes ostentatoires... des vrais paons provocateurs! On ne peut pas les manquer.»*

Quasiment transparents d'un côté, ostentatoires de l'autre, il y a au moins cela de réconfortant que les Européens ne sont pas toujours d'accord entre eux à notre sujet...

... Et son baume réparateur!

Comme nous imaginons volontiers que la mise en évidence de ce désaccord ne suffit pas à vous sortir de votre dépit, nous vous avons gardé le meilleur pour la fin : d'autre clichés, mais ceux-là, bien plus à notre avantage...

JACQUELINE (Bruxelles, Belgique) nous considère *«pleins d'humour, fins, raffinés et galants»*, FERNANDO (Porto, Portugal), nous estime *«sympathiques, chaleureux, dynamiques et intéressants»*, quant à STÉPHANIE (Hambourg, Allemagne), elle nous juge *«avancés, équilibrés et amusants»*.

Toujours en Allemagne, HELMUT SCHMITT, déjà cité, précise qu'il enseigne chaque jour à ses petits Bavarois d'élèves que *«les Français forment un peuple cultivé qui a la chance de posséder un important rayonnement à travers l'Europe et le monde»*.

MAREK, un technicien Polonais qui a passé dix ans en France avant de retourner vivre à Cracovie d'où il est originaire, conserve pour sa part un souvenir attendri des Français, tout particulièrement des Nordistes (il a vécu successivement à Arras et Denain) : *«les Français sont des gens chaleureux, comme les Polonais. Je dis toujours qu'ils ressemblent à la maxime de leur pays : liberté, égalité et surtout fraternité.»*

Un sentiment que partage sans ambiguïté FRANZ (Szentendre, Hongrie), qui a fait une partie de ses études à Paris à la fin des années 1990 : *«les Français sont beaucoup plus accueillants*

qu'on ne le pense. Ils ont ce que j'appelle un bon cœur et sou-
tiennent facilement ceux qui sont dans la peine ou la difficulté.
Ici en Hongrie, ils ont une image de personnes plutôt individualistes, surtout les Parisiens, mais je peux vous dire que c'est tout
le contraire. J'ai passé deux ans de ma jeunesse dans le quartier
de la Sorbonne, ce sont les deux plus belles années de ma vie. Et
j'ai laissé beaucoup d'amis à Saint-Germain...».

«Le chevalier de neige», par MARCUS, professeur d'histoire à Copenhague

Lorsque j'imagine les Français et comment ils sont,
je pense spontanément à un héros de légende
fantastique bien connu au Danemark : le chevalier
de neige, qui s'inspire fortement de Lancelot du
Lac et des histoires des chevaliers de la Table
Ronde que vous connaissez aussi en France.

Les Français me semblent avoir beaucoup de
points communs avec le chevalier de neige :
d'abord ils sont chevaleresques ; ils se sentent
aussi un peu «gendarmes du monde» dans l'esprit
à défaut de l'être sur le terrain, ils sont parfois
frondeurs, bagarreurs, provocateurs. Ils se sentent
sûrs de leur force, et arrivent un peu partout en
terrain conquis. Ils ont aussi du cœur. Mais ils sont
également fragiles et dépendants.

2

IGNORANCE
ET FANTASMES

Une enquête inédite sur les Européens
tels que nous les voyons

SURPRISE, SURF ET PANEL

Lorsque nous avons débuté notre recherche documentaire sur la manière dont les Français perçoivent leurs voisins européens, nous avons été surpris de constater qu'il existe peu d'études sérieuses et d'éléments disponibles sur le sujet.

Un surf prolongé sur Internet permet simplement de mettre la main sur quelques articles de presse certes récents mais à l'angle limitatif : les jeunes Allemands vus pas les jeunes Français et réciproquement, les Suisses caricaturés par les Savoyards...

L'interrogation des instituts spécialisés dans l'aide à la quête d'informations ne s'avérant guère plus fructueuse, nous avons décidé de retrousser nos manches et d'aller nous-mêmes questionner nos compatriotes.

NOTRE ENQUÊTE

Nous avons ainsi interviewé 100 personnes en prenant garde de respecter une vraie diversité : nos «cobayes» (tous volontaires et bien traités pendant l'enquête, rassurez-vous) habitent Paris, Bordeaux, Cassis, Lunéville, Strasbourg, Saint-Maur-des-Fossés, Valenciennes, Riom, Saintes, Foix, Villecresnes, Lens, Rennes, Honfleur, Vernon, Créteil, Chaumontel, Le Mans....

Notre «panel» comprend deux avocats, sept fonctionnaires, quatre étudiants, six artisans, trois médecins, un dentiste, un huissier de justice (c'est toujours utile), un agent immobilier, un garagiste, un boulanger, une assistante maternelle, une infirmière, cinq retraités, deux institutrices, trois ingénieurs, cinq journalistes et autant de chefs d'entreprise, un député, un sénateur, deux banquiers, un artiste peintre, un chanteur d'opéra, le gérant d'une crêperie, etc.

Certains voyagent beaucoup et d'autres sont plus casaniers, certains sont jeunes et d'autres moins, cinquante hommes et cinquante femmes qui vivent en ville ou à la campagne... et qui ne partagent pas forcément la même vision de ce que doit être l'Europe (la construction européenne).

À chacune de ces personnes, nous avons demandé de décrire spontanément par des adjectifs (cinq au maximum) les vingt-quatre populations qui, avec la population française, forment aujourd'hui le «peuple» de l'Union européenne.

Cette enquête s'est déroulée aux mois de décembre 2004 et janvier 2005. Et, ainsi que vous allez le constater, elle est particulièrement riche d'enseignements...

Les Allemands : rigoureux, travailleurs...
et hautains

Sur l'ensemble de notre enquête consacrée aux Européens, les Allemands sont ceux (et de très loin) qui dégagent dans l'esprit de nos sondés l'impression la plus monolithique et la moins nuancée. Les 8 adjectifs les plus cités par nos interviewés (qui représentent plus de la moitié de la totalité des qualificatifs employés pour décrire les Allemands), révèlent ainsi le même caractère : celui d'un peuple pétri et façonné par la rigueur, l'organisation, le devoir, le travail...

Une impressionnante série d'adjectifs met en avant ce trait : **rigoureux** (46 citations), **travailleurs** (33), **sérieux** (23), **disciplinés** (19), **organisés** (14), **ordonnés**, **industriels**, **droits**, **carrés**, **pragmatiques**, **professionnels**... liste non exhaustive.

Ce caractère particulièrement dominant laisse peu de place à d'autres stéréotypes et d'autres images. On peut cependant remarquer que nos compatriotes attribuent à leurs voisins Germains une fâcheuse tendance au mépris, au sentiment de supériorité et à la haute opinion de soi : une perception illustrée par les adjectifs **hautains**, **froids**, **sûrs d'eux**, **nombrilistes**, **sans gêne** et **prétentieux**.

A contrario, une autre série de vocables met en évidence le développement d'un lien franco-allemand amical et fraternel. Cette idée, même si elle n'est pas encore énormément répandue, est formalisée par la présence d'adjectifs tels que **francophiles** (cité 5 fois), **conviviaux** (3 fois), **accueillants**, **sympathiques** et **nouveaux amis**.

Bien d'autres sensations spontanées ressortent de notre enquête, mais elles sont plus disparates et difficiles à classer au sein d'une famille précise. Si elles ne révèlent donc pas d'autre trait de caractère particulier, elles prouvent au moins que les Allemands ne nous laissent pas indifférents et évoquent dans notre esprit une foule de qualificatifs à l'amusante variété : **monétaristes, écologistes, ponctuels, tristounets, cultivés,** mais aussi **poètes, sensibles, avant-gardistes...**

L'enquête : les résultats complets

Nous avons demandé aux 100 Français qui composent notre panel d'exprimer les adjectifs (cinq au maximum) qui leur viennent spontanément à l'esprit lorsqu'ils pensent aux Allemands.

- 11 d'entre eux ont évoqué un seul adjectif
- 30 d'entre eux ont exprimé deux adjectifs
- 22 d'entre eux ont cité trois adjectifs
- 17 d'entre eux ont fait allusion à quatre adjectifs
- 20 d'entre eux sont parvenus à citer cinq adjectifs

Au total, 305 adjectifs ont ainsi été exprimés par nos interviewés pour définir les Allemands :

Rigoureux (46 citations); **Travailleurs** (33 citations); **Sérieux** (23 citations); **Disciplinés** (19 citations); **Organisés** (14 citations); **Légalistes** (11 citations); **Formalistes** (10 citations); **Ordonnés** (9 citations); **Lourds** (8 citations); **Buveurs de bière, Hautains, Stricts, Francophiles** (6 citations); **Industriels, Froids, Blonds, Cultivés, Sûrs d'eux** (5 citations); **Ponctuels, Obéissants, Carrés, Ecologistes** (4 citations); **Conviviaux** (3 citations); **Belliqueux, Tristounets, Souffrants économiquement, Au ralenti économiquement, Réunifiés, Monétaristes, Rustres, Germains, Nombrilistes, Droits, Entreprenants, Contradictoires, Sévères** (2 citations); **Sans gêne, Poètes, Littéraires, Polis, Sclérosés, Sensibles, Avant-gardistes, Courageux, Traditionalistes, Obtus, Efficaces, Pro-européens, Branchés, Propres, Administratifs, Sympathiques, Accueillants, Grands, Grossiers, Pragmatiques, Attachés à la famille, Prétentieux, Durs, Renfermés, Intolérants, Robustes, Chaleureux, Matheux, Européens, Riches culturellement, Pointilleux, Conformistes, Hanséatiques, Rancuniers, Rigides, Fiables, Professionnels, Nouveaux amis** (1 citation).

Pour perdre votre cœur à Heidelberg, voir page 65

Les Anglais : insulaires et prétentieux

À l'instar des Allemands, les Anglais ne nous laissent pas indifférents! C'est là le premier enseignement de notre enquête. Et quitte à être contradictoires, les adjectifs employés sont pour le moins tranchés. Les Anglais, on les aime ou on ne les aime pas, mais dans un cas comme dans l'autre, nos interlocuteurs n'y vont pas avec le dos de la cuillère pour exprimer leurs sentiments...

Ce sont les qualificatifs plutôt négatifs (pour ne pas dire critiques) qui l'emportent.

Nos compatriotes considèrent ainsi leurs voisins Anglais **prétentieux**, **snobs**, **impolis**, **hautains**, **pédants**, **maniérés**, **froids**, **égoïstes**, **arrogants**, **hypocrites**, **antipathiques**, **désagréables** et, cerise sur le cake, **francophobes**! On pourrait poursuivre longtemps l'inventaire mais cette petite sélection est en elle-même suffisamment éclairante.

À l'opposé de cette litanie de redoutables défauts, les Anglais suscitent aussi des perceptions nettement plus favorables, pour ne pas dire dithyrambiques.

Les sujets de Sa Majesté sont notamment jugés **élégants**, **drôles**, **courtois**, **raffinés**, **gentlemen**, **sympathiques**, **ouverts**, **cultivés**, **tolérants**, **serviables**, **amusants**, **travailleurs**, **accueillants** et..., cerise sur le gâteau ... **francophiles** par une partie de nos interviewés.

Entre ces deux extrêmes, ressortent deux notions moins enflammées.

La première est l'isolationnisme (pour ne pas parler d'isolement) que les Anglais sont soupçonnés d'entretenir. Cette impression se retrouve dans les adjectifs **insulaires** (terme le plus employé avec 24 citations), **indépendants**, **anti-européens**, **autarciques**, **protectionnistes**, **euro-septiques**, **repliés sur eux-mêmes**, mais aussi **nombrilistes**, **méfiants** et **distanciés**.

La seconde renvoie au caractère traditionnel des Anglais, perçus comme attachés à leurs traditions (ainsi d'ailleurs qu'à leurs rois et reines). Plusieurs adjectifs illustrent cette tendance, parmi lesquels **monarchistes** (troisième qualificatif le plus cité), **conservateurs, traditionalistes** et **conformistes.**

Notons également la présence dans notre inventaire de qualificatifs plutôt prévisibles et attendus tels que **flegmatiques, dandys** ou **pragmatiques**, et ceux, moins pronostiquables et parfois énigmatiques de **rebelles, revanchards, truqueurs, guerriers, contradictoires, manipulateurs** et **excentriques**...

L'enquête : les résultats complets

Nous avons demandé aux 100 Français qui composent notre panel d'exprimer les adjectifs (cinq au maximum) qui leur viennent spontanément à l'esprit lorsqu'ils pensent aux Anglais :

- 8 d'entre eux ont évoqué un seul adjectif
- 34 d'entre eux ont exprimé deux adjectifs
- 22 d'entre eux ont cité trois adjectifs
- 24 d'entre eux ont fait allusion à quatre adjectifs
- 12 d'entre eux sont parvenus à citer cinq adjectifs

Au total, **298 adjectifs** ont ainsi été exprimés par nos interviewés pour définir les Anglais :

Insulaires (24 citations); **Prétentieux** (21 citations); **Monarchistes** (19 citations); **Anti-européens** (18 citations); **Snobs** (15 citations); **Indépendants** (12 citations); **Conservateurs, Pragmatiques** (10 citations); **Maniérés, Pédants, Impolis, Hautains** (7 citations); **Froids, Hypocrites** (6 citations); **Elégants, Méprisants, Coincés** (5 citations); **Drôles, Flegmatiques, Contradictoires, Traditionalistes** (4 citations); **Courtois, Underground, Précurseurs, Consommateurs, Libéraux, Raffinés, Gentlemen** (3 citations); **Indociles, Rebelles, Dandys, Antipathiques, Efféminés, Sportifs, Protectionnistes, Psycho-rigides, Orgueilleux, Agréables, Désagréables, Sympathiques, Ouverts, Modernes, Francophobes, Cultivés, Chauvins, Francophiles, Financiers, Créatifs** (2 citations); **Tolérants, Autarciques, Commerçants, Nombrilistes, Pointilleux, Revanchards, Protestants, Arrogants, Egoïstes, Incohérents, Populistes, Capricieux, Repliés sur eux-mêmes, Serviables, Accueillants, Truqueurs, Envahisseurs, Méfiants, Inféodés aux Américains, Fair-play, Distanciés, Ternes, Travailleurs, Donneurs de leçons, Conformistes, Guerriers, Bornés, Amusants, Manipulateurs, Perfides, Ironiques, Capitalistes, Polis, Fantaisistes, Déloyaux, Excentriques, Euro-sceptiques** (1 citation).

Pour chahuter avec nos frères-ennemis de l'Entente cordiale, voir page 70

Les Autrichiens : xénophobes et rigoureux, mais aussi mélomanes

Les Autrichiens nous inspirent des sentiments mitigés, contrastés, parfois contradictoires. Un peu comme si l'on ressentait des difficultés à les définir précisément... Et si quatre grandes séries de perceptions ressortent, force est de constater qu'elles ne sont pas liées entre elles et n'obéissent à aucune logique...

Le premier trait de caractère attribué aux Autrichiens, particulièrement répandu dans l'esprit de nos compatriotes, est ainsi très négatif : il stigmatise leur intolérance et leur rejet de l'autre. Un jugement qui trouve sa concrétisation dans de très nombreux qualificatifs : **nationalistes** et **xénophobes** (respectivement troisième et quatrième adjectifs les plus cités), mais aussi **hautains**, **intolérants, durs, acariâtres, rustres, violents, chauvins, réactionnaires, racistes, protectionnistes, distants, égoïstes, rétrogrades**... On peut ici être frappé par la force et la variété des vocables exprimés, ainsi que par leur fréquence...

Une deuxième série d'adjectifs, totalement différente, renvoie au folklore, à la musique et aux traditions, éléments largement rattachés à l'image des Autrichiens. On relève ainsi la présence des qualificatifs **Tyroliens, mélomanes, Viennois, baroques, attachés au folklore, danseurs de valses**, pour ne citer qu'eux.

Puis viennent les perceptions qui associent les Autrichiens aux Allemands et leur attribuent des qualités ou des défauts communs. Un amalgame géographico-culturel illustré par les qualificatifs **Allemands, Germains, Allemands des montagnes, organisés, disciplinés, sérieux**...

La quatrième et dernière série de termes est encore bien distincte. Elle peut d'une certaine manière être rattachée à tout ce qui touche à la montagne. Les Alpes autrichiennes, le Tyrol, sont ainsi des références connues de beaucoup. Des images que l'on retrouve transcrites dans les adjectifs **Allemands des montagnes, Tyroliens, montagnards, alpestres** et **Suisses**...

L'enquête : les résultats complets

Nous avons demandé aux 100 Français qui composent notre panel d'exprimer les adjectifs (cinq au maximum) qui leur viennent spontanément à l'esprit lorsqu'ils pensent aux Autrichiens :

- 29 d'entre eux ont évoqué un seul adjectif
- 28 d'entre eux ont exprimé deux adjectifs
- 10 d'entre eux ont cité trois adjectifs
- 12 d'entre eux ont fait allusion à quatre adjectifs
- 12 d'entre eux sont parvenus à citer cinq adjectifs
- 9 d'entre eux n'ont pas été en mesure de suggérer le moindre qualificatif

Au total, **223 adjectifs** ont ainsi été exprimés par nos interviewés pour définir les Autrichiens :

Rigoureux (18 citations); **Froids** (17 citations); **Nationalistes** (16 citations); **Xénophobes** (15 citations); **Hautains** (12 citations); **Intolérants** (11 citations); **Propres** (10 citations); **Durs** (9 citations); **Accueillants** (8 citations); **Disciplinés**, **Mélomanes** (7 citations); **Travailleurs**, **Viennois**, **Carrés** (5 citations); **Cultivés**, **Acariâtres**, **Baroques** (4 citations); **Rustres**, **Violents**, **Suisses**, **Méticuleux** (3 citations); **Agrestes**, **Allemands**, **Montagnards**, **Tyroliens**, **Réactionnaires**, **Chauvins**, **Protectionnistes**, **Racistes**, **Patriotes**, **Germains**, **Danseurs de valses** (2 citations); **Allemands des montagnes**, **Frustrés**, **Traditionalistes**, **Alpestres**, **Gais**, **Ringards**, **Elégants**, **Matérialistes**, **Droits**, **Engagés politiquement**, **Exemplaires**, **Sérieux**, **Stricts**, **Fiers**, **Attachés à la famille**, **Attachés au folklore**, **Impériaux**, **Majestueux**, **Organisés**, **Sévères**, **Distants**, **Rétrogrades**, **Distingués**, **Propres**, **Ecologistes**, **Neutres**, **Discrets**, **Organisés**, **Egoïstes**, **Conformistes**, **Casaniers** (1 citation).

Pour comprendre avec Freud le mystère Autrichien, voir page 74

Les Belges : de sympathiques mangeurs de frites!

Curieux sentiments que ceux que nous inspirent nos plus proches cousins européens, les Belges. Un drôle de maelström entre ironie et sympathie, affection et mépris, attirance et rejet...

La première sensation reste tout de même celle de la proximité (à défaut de la complicité). Elle se concrétise dans notre enquête par une pléthore de qualificatifs parmi lesquels les adjectifs **sympathiques** (en tête de liste avec 29 citations), **cordiaux** (également beaucoup cité), **accueillants**, **conviviaux**, **chaleureux**, **gentils**, **aimables** et **charmants**.

Cette sympathie bienveillante est confirmée par le caractère festif et bon vivant attribué sans hésitation aux Belges. L'image du Bruxellois attablé à un café-restaurant de la Grand-Place et dégustant des moules-frites est un stéréotype bien ancré. De nombreux vocables illustrent cette image : **mangeurs de frites**, **buveurs de bière**, **bons vivants**, **ripailleurs**...

Ces deux séries d'adjectifs, plutôt tendres et affectueuses, sont ternies par la présence (il est vrai plus confidentielle) de préjugés à caractère ironique et parfois gratuit : **ridicules**, **stupides**, **désoeuvrés**, **décadents**, pour ne citer que ceux-là. Mais cela n'est pas forcément à prendre au premier degré et il faut admettre, comme l'a justement signalé l'un de nos interviewés, que les Belges sont souvent **victimes de l'humour français** et fréquemment **raillés** par eux.

Parmi les autres qualités ou défauts rattachés aux Belges, notons également un amusant **dessinateur**, un **divisé entre Flamands et Wallons** assez répandu (16 citations), un **francophile** très apprécié (18 citations) et un **pro-européens** remarqué. **Brumeux**, **complexés**, **bourgeois**, **économes** et **insolites** figurent aussi sur l'inventaire exprimé par nos interviewés et complètent l'image des Belges vus par les Français...

© Eyrolles

L'enquête : les résultats complets

Nous avons demandé aux 100 Français qui composent notre panel d'exprimer les adjectifs (cinq au maximum) qui leur viennent spontanément à l'esprit lorsqu'ils pensent aux Belges :

- 26 d'entre eux ont évoqué un seul adjectif
- 37 d'entre eux ont exprimé deux adjectifs
- 11 d'entre eux ont cité trois adjectifs
- 8 d'entre eux ont fait allusion à quatre adjectifs
- 10 d'entre eux sont parvenus à citer cinq adjectifs
- 8 d'entre eux n'ont pas été en mesure de suggérer le moindre qualificatif

Au total, **215 adjectifs** ont ainsi été exprimés par nos interviewés pour définir les Belges :

Sympathiques (29 citations); **Francophiles** (18 citations); **Divisés entre Flamands et Wallons** (16 citations); **Pro-européens** (15 citations); **Cordiaux** (14 citations); **Mangeurs de frites** (12 citations); **Accueillants** (8 citations); **Buveurs de bière, Peu différents des Français** (7 citations); **Lents, Conviviaux, Chaleureux, Discrets** (6 citations); **Gentils, Stupides** (5 citations); **Artistes, Bons vivants, Drôles, Charmants** (4 citations); **Simples, Flamands, Blagueurs, Ripailleurs** (3 citations); **Dessinateurs, Festifs, Ridicules** (2 citations); **Rétrogrades, Tristes, Compliqués, Raillés par les Français, Victimes de l'humour français, Désoeuvrés, Lymphatiques, Rigoureux, Insolites, Aimables, Gros, Racistes, Bourgeois, Complexés, Economes, Curieux intellectuellement, Brumeux, Humbles, Dynamiques, Décadents, Prétentieux** (1 citation).

Pour chanter avec Jacques Brel le plat pays des Belges, voir page 78

Les Chypriotes : des paysans insulaires et divisés

Un premier enseignement s'impose de lui-même : plus de la moitié de nos interviewés (51 sur 100) n'éprouvent de sentiment ni n'émettent d'avis sur les Chypriotes qu'ils avouent totalement méconnaître, y compris au niveau de leur imaginaire.

L'autre moitié leur attribuent trois grands types de caractères.

Une première série de perceptions renvoie à un sentiment d'insularité. Pour beaucoup de nos interviewés, dont certains possèdent des souvenirs de vacances balnéaires du côté de Larnaka, les Chypriotes sont en effet **insulaires** (adjectif le plus exprimé avec 19 citations), **isolés** et **confinés**.

Une deuxième liste de qualificatifs renvoie au caractère rural des Chypriotes : **paysans** revient ainsi à 14 reprises, **ruraux** à 9 reprises, tandis que **laborieux** et **rustiques** sont également cités.

Une troisième série d'adjectifs, plus géopolitique, révèle que nos compatriotes perçoivent assez clairement les divisions dont souffrent Chypre et les Chypriotes. Trois de nos interviewés nous ont ainsi indiqué que Nicosie, la capitale chypriote, est depuis la chute du mur de Berlin la seule ville européenne officiellement divisée par une «ligne verte» qui sépare le Nord (turc) du Sud (grec). Ce sentiment se traduit nettement au niveau des adjectifs employés dans notre enquête avec les termes **divisés** (13 citations, troisième adjectif le plus utilisé), **Grecs**, **Turcs**, **hésitants entre l'Orient et l'Occident**, **Orientaux** et **envahis**.

D'autres adjectifs plus disparates et plus anodins complètent notre vision des Chypriotes : **folkloriques, bucoliques, dilettantes, marins**...

L'enquête : les résultats complets

Nous avons demandé aux 100 Français qui composent notre panel d'exprimer les adjectifs (cinq au maximum) qui leur viennent spontanément à l'esprit lorsqu'ils pensent aux Chypriotes :

- 20 d'entre eux ont évoqué un seul adjectif
- 13 d'entre eux ont exprimé deux adjectifs
- 6 d'entre eux ont cité trois adjectifs
- 6 d'entre eux ont fait allusion à quatre adjectifs
- 4 d'entre eux sont parvenus à citer cinq adjectifs
- 51 d'entre eux n'ont pas été en mesure de suggérer le moindre qualificatif

Au total, **108 adjectifs** ont ainsi été exprimés par nos interviewés pour définir les Chypriotes :

Insulaires (19 citations); **Paysans** (15 citations); **Divisés** (13 citations); **Ruraux** (9 citations); **Folkloriques** (8 citations); **Isolés** (7 citations); **Bucoliques** (4 citations); **Grecs**, **Dilettantes**, **Partagés entre l'Orient et l'Occident** (3 citations); **Orientaux**, **Inélégants**, **Peu nombreux**, **Turcs** (2 citations); **Confinés**, **Religieux**, **Nationalistes**, **Xénophobes**, **Orthodoxes**, **Pauvres**, **Bruns**, **Marins**, **Courageux**, **Laborieux**, **Rustiques**, **Sympathiques**, **Vulgaires**, **Envahis**, **Paisibles**, **Revendicatifs** (1 citation).

Pour voir voler les pastèques au-dessus du porte-avions de l'Europe, voir page 82

Les Danois : froids, mélancoliques et designers

Les paysages froids, âpres et nus du Jutland, où se fracassent les flots de la mer du Nord et de la mer Baltique, fascinaient déjà les peintres scandinaves du XIXe siècle... Ils continuent aujourd'hui d'inspirer nos compatriotes qui perçoivent de cette même manière le Danemark et, par extension, les Danois.

Froids est donc (mécaniquement) l'adjectif le plus cité par nos interviewés à l'évocation des Danois. **Rigoureux**, **Nordiques**, **Vikings**, **repliés sur eux-mêmes**, **austères**, **rudes** et **forts** renforcent cette impression.

Le deuxième caractère qui leur est attribué est classique et sans surprise : il met en avant l'image traditionnelle des Nordiques par le biais des habituels clichés **grands**, **blonds** et **propres** (qui réalisent un joli tir groupé en figurant tous trois dans la liste des cinq qualificatifs les plus cités), auxquels il convient d'ajouter d'autres stéréotypes systématiquement rattachés aux Scandinaves : **disciplinés**, **respectueux des lois**, **écologistes**, **sérieux**, **policés**, pour ne citer que les principaux.

Un troisième trait associé aux Danois, plus inattendu en si bonne place, est celui de **designers** (tout de même exprimé par 11 de nos sondés). De nombreux exemples liés à ce domaine sont spontanément cités : des manufactures de porcelaine de Copenhague aux arts de la table de la Steton, en passant par Bang et Olufsen, «référence mondiale» dans le secteur de la hi-fi.

Une autre perception revient régulièrement. Elle se concrétise au travers de différents adjectifs tels que **mélancoliques** (10 citations), **féeriques**, **pittoresques** ou **folkloriques**. Son existence trouve semble-t-il sa source dans l'imaginaire véhiculé par les contes d'Andersen, incontestablement très connus de nos compatriotes (et cités en référence à de multiples reprises). Ces fables touchantes, qui retracent la dure solitude de héros devant affronter un monde hostile, contribuent à l'évidence toujours à l'image que nous nous faisons des Danois.

Notons enfin que la grande majorité des adjectifs exprimés pour décrire les Danois renvoient à des qualités (**travailleurs, accueillants, chaleureux, sympathiques, modernes,** etc) et que, à contrario, très peu de défauts ressortent de notre enquête. Un cas suffisamment rare pour être signalé...

L'enquête : les résultats complets

Nous avons demandé aux 100 Français qui composent notre panel d'exprimer les adjectifs (cinq au maximum) qui leur viennent spontanément à l'esprit lorsqu'ils pensent aux Danois :

- 30 d'entre eux ont évoqué un seul adjectif
- 20 d'entre eux ont exprimé deux adjectifs
- 17 d'entre eux ont cité trois adjectifs
- 15 d'entre eux ont fait allusion à quatre adjectifs
- 8 d'entre eux sont parvenus à citer cinq adjectifs
- 10 d'entre eux n'ont pas été en mesure de suggérer le moindre qualificatif

Au total, **221 adjectifs** ont ainsi été exprimés par nos interviewés pour définir les Danois :

Froids (22 citations); **Propres** (19 citations); **Blonds** (14 citations); **Grands** (13 citations); **Designers** (11 citations); **Mélancoliques, Travailleurs** (10 citations); **Accueillants, Perfectionnistes** (9 citations); **Chaleureux** (8 citations); **Modernes, Disciplinés** (6 citations); **Respectueux des lois, Sympathiques, Sérieux, Rigoureux, Nordiques** (5 citations); **Vikings, Ouverts, Organisés** (4 citations); **Equilibrés** (3 citations); **Avancés socialement, Austères, Libres, Sages, Repliés sur eux-mêmes, Matérialistes, Ecologistes, Neutres, Egoïstes** (2 citations); **Profiteurs, Anglophones, Rudes, Calmes, Rangés, Policés, Paisibles, Actifs, Sensuels, Forts, Précurseurs, Expansionnistes, Traditionalistes, Libéraux, Secs, Méticuleux, Féeriques, Démocratiques, Sympathiques, Drôles, Excessifs, Riches, Conquérants, Industrieux, Pittoresques, Folkloriques** (1 citation).

Pour découvrir les terres de glace et les éoliennes danoises, voir page 86

Les Espagnols : à la fois traditionnels, modernes et fêtards

Les espagnols donnent l'image d'un peuple en pleine mutation. Nos voisins ibériques éveillent certes chez les Français de nombreux clichés traditionnels, mais ils suscitent aussi une foule de perceptions liées à la modernité.

Cela se traduit d'abord au niveau des références utilisées : des traditions bien ancrées telles que la feria, la paella, le tùron, la corrida, sans oublier Don Quichotte et son fidèle écuyer Sancho Pança... Mais ils citent aussi volontiers les nouveaux «rendez-vous» de la vie espagnole : les nuits catalanes, la movida madrilène...

Des adjectifs comme **attachés aux traditions** (troisième qualificatif le plus cité), **attachés à la famille**, **attachés à la sieste**, **mangeurs de tapas**, **danseurs de flamenco**, illustrent le caractère traditionalistes des Espagnols; des adjectifs comme **modernes** (16 citations), **ouverts**, **dynamiques**, **avant-gardistes**, **relancés** et **entreprenants**, soulignent leur modernité.

Au-delà de cette petite dualité, nos compatriotes semblent unanimes pour reconnaître aux Espagnols un goût prononcé pour la fête, le partage et la joie de vivre, ainsi qu'en témoignent les adjectifs **fêtards** (terme le plus fréquemment employé avec 24 citations), **chaleureux**, **bons vivants**, **conviviaux**, **accueillants**, **gais** et **chantants**.

Nos interlocuteurs développent également une bonne connaissance des particularismes régionaux qui caractérisent l'Espagne. L'adjectif **régionalistes** revient d'ailleurs à plusieurs reprises pour définir les Espagnols. Et la Catalogne, l'Andalousie, mais aussi la Castille et le Pays Basque sont souvent évoqués...

Mais plusieurs traits de caractères peu flatteurs sont aussi associés aux Espagnols : **antipathiques**, **soûlants**, **machos**, **sales**, **xénophobes**, **prétentieux**, **superficiels**, **instables** et **sans gêne** constituent une liste suffisamment importante pour être considérée comme révélatrice d'un certain malaise...

L'enquête : les résultats complets

Nous avons demandé aux 100 Français qui composent notre panel d'exprimer les adjectifs (cinq au maximum) qui leur viennent spontanément à l'esprit lorsqu'ils pensent aux Espagnols :

- 28 d'entre eux ont évoqué un seul adjectif
- 34 d'entre eux ont exprimé deux adjectifs
- 16 d'entre eux ont cité trois adjectifs
- 10 d'entre eux ont fait allusion à quatre adjectifs
- 12 d'entre eux sont parvenus à citer cinq adjectifs

Au total, **244 adjectifs** ont ainsi été exprimés par nos interviewés pour définir les Espagnols :

Fêtards (24 citations); **Chaleureux** (21 citations); **Attachés aux traditions** (19 citations); **Modernes** (16 citations); **Régionalistes, Bruyants** (13 citations); **Croyants**

(12 citations); **Bons vivants** (10 citations); **Conviviaux, Ouverts** (9 citations); **Dynamiques** (8 citations); **Sympathiques** (6 citations); **Relancés, Travailleurs, Machos** (5 citations); **Accueillants, Attachés à la famille, Attachés à la sieste** (4 citations); **Sonores, Soûlants, Séducteurs, Latins** (3 citations); **Antipathiques, Dilettantes, Sales, Francophiles, Gais, Cultivés, Fiers, Libérés, Avant-gardistes** (2 citations); **Xénophobes, Franquistes, Prétentieux, Superficiels, Opportunistes, Méditerranéens, Chantants, Inconstants, Instables, Motivés, Noctambules, Entreprenants, Petits, Bruns, Exubérants, Sans gêne, Désorganisés, Mangeurs de tapas, Irrespectueux des horaires, Danseurs de flamenco, Hâbleurs, Cruels avec les animaux, Volubiles, Minces, Humbles, Susceptibles, Irritables** (1 citation).

Pour découvrir avec Victoria Abril la modernité espagnole, voir page 89

Les Estoniens : pro-européens, surtout par intérêt

C'est indéniable, les Estoniens sont peu connus des Français : près de la moitié de nos interviewés (46 sur 100) ne sont pas en mesure d'exprimer le moindre adjectif les concernant. Et parmi l'autre moitié, seuls deux de nos sondés ont déjà foulé le sol estonien, uniquement celui de la capitale (Tallinn).

Le principal trait de caractère qui leur est néanmoins attribué est d'être **pro-européens** (12 citations) et sa variante **pro-européens par intérêt** (12 citations également). *«Ils ont tout à gagner à faire partie de l'Europe»*, formule citée à deux reprises lors de nos consultations, résume assez bien le sentiment général en la matière.

On les voit un peuple privé de liberté. **Envahis** est ainsi cité à 12 reprises et **occupés** à 11 reprises. **Rescapés de l'ex-URSS** est également à l'inventaire. Un de nos interviewés se rappelle même avoir lu dernièrement que, au cours de son histoire, l'Estonie n'a été indépendante que 32 petites années...

Une troisième série d'impressions concerne leur niveau économique, perçu comme faible et exclusivement lié au travail de la terre. Avec 15 citations, **pauvres** est ainsi l'adjectif le plus cité. Plusieurs autres qualificatifs sont à considérer comme des variantes de cette impression : **campagnards** (9 citations), **rustiques** (6), **besogneux** (4), **agrestes** (3), **ruraux**, **tristes**, **inorganisés**...

L'enquête : les résultats complets

Nous avons demandé aux 100 Français qui composent notre panel d'exprimer les adjectifs (cinq au maximum) qui leur viennent spontanément à l'esprit lorsqu'ils pensent aux Estoniens :

- 25 d'entre eux ont évoqué un seul adjectif
- 11 d'entre eux ont exprimé deux adjectifs
- 10 d'entre eux ont cité trois adjectifs
- 4 d'entre eux ont fait allusion à quatre adjectifs
- 4 d'entre eux sont parvenus à citer cinq adjectifs
- 46 d'entre eux n'ont pas été en mesure de suggérer le moindre qualificatif

Au total, **113 adjectifs** ont ainsi été exprimés par nos interviewés pour définir les Estoniens :

Pauvres (15 citations); **Pro-européens par intérêt**, **Pro-européens**, **Envahis** (12 citations) ; **Occupés** (11 citations); **Campagnards** (9 citations); **Rustiques** (6 citations); **Nationalistes**, **Peu nombreux** (5 citations); **Besogneux** (4 citations); **Agrestes**, **Baltes** (3 citations); **Rudes**, **Hésitants entre Russie et Europe**, **Intéressés** (2 citations); **Russophobes**, **Finlandais**, **Musiciens**, **Travailleurs**, **Manipulateurs**, **Rescapés de l'ex URSS**, **Ruraux**, **Tristes**, **Inorganisés**, **Courageux** (1 citation).

Pour découvrir les Estoniens, entre la souris et le clavier, les lacs et les forêts, voir page 93

Les Finlandais : des Nordiques courageux et tenaces

Pour nos compatriotes, la Finlande, c'est déjà le Grand Nord. Les Finlandais sont perçus davantage comme des Lapons que comme des Suédois bis ! Nos interviewés leur rattachent ainsi de nombreux qualificatifs liés à l'image de rudesse du pays et de ses plateaux recouverts par la neige huit mois de l'année. Avec 26 citations, **courageux** est donc tout naturellement l'adjectif qui revient le plus fréquemment. Il est escorté par une litanie d'adjectifs qui tous évoquent cette notion de pénibilité de vie due aux conditions climatiques : **rudes** (17 citations), **tenaces** (11), **Nordiques** (10), **endurcis**, **rugueux**, **méritants**, **Vikings**…

Si cette impression recueille une quasi unanimité, le caractère convivial ou non des Finlandais divise quant à lui nos interviewés : **froids** (18 citations), **abrupts**, **discrets** et **secs** côtoient ainsi dans le palmarès des comportements supposés, des qualificatifs plus élogieux tels que **sympathiques** (16 citations) et **chaleureux**.

Un autre stéréotype ressort de notre consultation : l'image des Finlandais **grands** (8 citations) et **blonds** (14 citations) demeure en effet très présente dans l'imaginaire. Des attributs classiques fortement ancrés auxquels on peut également ajouter les termes **propres** et **respectueux des lois**, évoqués dans notre enquête.

Signalons pour conclure la présence d'une curieuse contradiction : les Finlandais sont perçus comme **russophiles** par trois de nos interviewés et comme… **russophobes** par deux d'entre eux !

L'enquête : les résultats complets

Nous avons demandé aux 100 Français qui composent notre panel d'exprimer les adjectifs (cinq au maximum) qui leur viennent spontanément à l'esprit lorsqu'ils pensent aux Finlandais :

- 18 d'entre eux ont évoqué un seul adjectif
- 17 d'entre eux ont exprimé deux adjectifs
- 31 d'entre eux ont cité trois adjectifs
- 8 d'entre eux ont fait allusion à quatre adjectifs
- 5 d'entre eux sont parvenus à citer cinq adjectifs
- 21 d'entre eux n'ont pas été en mesure de suggérer le moindre qualificatif

Au total, **202 adjectifs** ont ainsi été exprimés par nos interviewés pour définir les Finlandais :

Courageux (26 citations); **Froids** (18 citations); **Rudes** (17 citations); **Sympathiques** (16 citations); **Blonds** (14 citations); **Tenaces** (11 citations); **Nordiques** (10 citations); **Grands** (8 citations); **Discrets, Abrupts, Endurcis** (7 citations); **Rugueux, Travailleurs** (6 citations); **Avancés socialement** (5 citations); **Organisés, Epars, Flegmatiques,** (4 citations); **Habiles, Russophiles** (3 citations); **Russophobes, Chaleureux, Equilibrés** (2 citations); **High-Tech, Fidèles, Neutres, Sérieux, Respectueux des lois, Secs, Méritants, Eloignés culturellement, Attachés à la famille, Protectionnistes, Traditionalistes, Rigoristes, Industriels, Nationalistes, Vikings, Démocratiques, Drôles, Propres, Assoupis, Humbles** (1 citation).

Pour découvrir les mystérieux Finlandais, entre Kalevala et Sauna, voir page 97

Les Grecs : des paresseux qui vivent sur leurs acquis!

«Ils ont la chance de vivre dans un pays béni des Dieux et ils n'en font rien!». Cette sentence prononcée avec dépit par l'un de nos sondés (qui rentrait justement d'un voyage en Grèce) résume un sentiment assez répandu chez nos compatriotes : celui de Grecs vivants sur leur passé, entre siestes, nonchalance et fainéantise... Ce sentiment se traduit très largement et se trouve illustré par six des dix adjectifs les plus cités pour décrire les Grecs : **paresseux**, **indolents**, **nonchalants**, **oisifs**, **rêveurs** et **fainéants.** Une liste à laquelle il convient d'ajouter d'autres qualificatifs plus rarement cités mais confirmant cette perception : **passifs**, **lymphatiques** et **vivants sur leurs acquis**...

Un deuxième sentiment fréquemment exprimé, s'inscrivant d'une certaine manière dans la continuité du premier, renvoie à la fabuleuse histoire de la Grèce que certains de nos sondés déclinent en caractère pour les Grecs eux-mêmes (amalgame constaté à plusieurs reprises lors de notre enquête) : c'est ainsi que les adjectifs **mythologiques**, **antiques** et **traditionalistes** figurent en bonne place dans le palmarès des idées reçues exprimées. La notoriété de personnages ou de sites remarquables tels que Zeus, Delphes ou l'Acropole d'Athènes (souvent cités à la cantonade à ce moment du questionnaire) s'imposant comme des acquis culturels quasi généralisés chez nos interviewés.

Notre consultation révèle également que nos compatriotes manquent de confiance vis-à-vis des Grecs que plusieurs jugent **entourloupeurs**, **hypocrites**, **menteurs**, **infidèles**, **magouilleurs** et **roublards**. Elle démontre aussi la connaissance qu'ont nos compatriotes de l'attachement des Grecs à la foi **orthodoxe** (6 citations). Elle exprime enfin de rares mais amusantes caractéristiques physiques symbolisées par les adjectifs **athlétiques**, **moustachus**, **sales** et **petits**...

L'enquête : les résultats complets

Nous avons demandé aux 100 Français qui composent notre panel d'exprimer les adjectifs (cinq au maximum) qui leur viennent spontanément à l'esprit lorsqu'ils pensent aux Grecs :

- 33 d'entre eux ont évoqué un seul adjectif
- 21 d'entre eux ont exprimé deux adjectifs
- 8 d'entre eux ont cité trois adjectifs
- 16 d'entre eux ont fait allusion à quatre adjectifs
- 8 d'entre eux sont parvenus à citer cinq adjectifs
- 14 d'entre eux n'ont pas été en mesure de suggérer le moindre qualificatif

Au total, **203 adjectifs** ont ainsi été exprimés par nos interviewés pour définir les Grecs :

Bordéliques (20 citations); **Paresseux** (15 citations); **Indolents** (14 citations); **Nonchalants** (11 citations); **Oisifs** (9 reprises); **Rêveurs, Fainéants** (8 citations); **Mythologiques, Antiques** (7 citations); **Machos, Orthodoxes** (6 citations); **Homosexuels, Accueillants, Traditionalistes, Sympathiques** (5 citations); **Inorganisés, Sales, Vivants sur leurs acquis** (4 citations); **Entourloupeurs, Bons vivants, Renfermés, Lymphatiques, Ruraux, Passifs** (3 citations); **Petits, Joyeux, Désorganisés, Commerçants, Hypocrites, Chaleureux, Méditerranéens, Hellènes, Sages** (2 citations); **Orientaux, Volontaires, Indisciplinés, Bavards, Infidèles, Ouverts, Egéens, Fêtards, Magouilleurs, Assistés par l'Union européenne, Compliqués, Prétentieux, Raffinés, Religieux, Fiers, Attachés à la famille, Attachés à leur patrimoine, Athlétiques, Attachants, Menteurs, Dynamiques, En manque de reconnaissance, Roublards, Moustachus** (1 citation).

Pour passer de l'autre côté du miroir grec, voir page 101

Les Hongrois : pluriethniques, chaleureux, doués pour les arts

Beaucoup des Français que nous avons questionnés évoquent les Hongrois par le biais d'une des ethnies qui composent ce peuple ou en se référant à une nationalité voisine : **Tziganes, Magyars, Slaves, Autrichiens.** S'ils admettent ne pas connaître avec précision l'histoire et l'évolution du peuple hongrois (qu'elle soit ancienne ou récente), nos interviewés ont cependant l'image d'un pays pluriethnique. Cette difficulté à cerner le peuple hongrois dans son unité se retrouve du reste dans le chiffre important d'interviewés qui n'ont pas été en mesure de citer d'adjectif pour les définir : 25 sur 100.

Les arts, la musique et la danse sont spontanément rattachés aux Hongrois : **mélomanes, danseurs de valses** et **rêveurs** sont cités chacun à 5 reprises. **baroques** est évoqué 4 fois, **raffinés, cultivés** et **musiciens** plusieurs fois également. Certains considèrent qu'il existe un lien «intime» entre la Hongrie et la musique (le pianiste Béla Bartok, égérie de la musique contemporaine, est cité en référence par plusieurs de nos interviewés). Quant aux traditions populaires hongroises (notamment les différents types et modes de danses), elles représentent aux yeux de beaucoup, l'image même de la Hongrie et des Hongrois.

Les autres références mises en avant sont plus floues ou plus contradictoires. Si nos interviewés jugent les Hongrois **chaleureux** (14 citations, adjectif le plus cité), **intelligents** (12 citations) et **travailleurs** (8), ils les considèrent aussi **révolutionnaires, belliqueux, oisifs, inorganisés** et **lymphatiques.**

Notons enfin que le qualificatif **tristes** revient fréquemment (14 fois) tandis que l'adjectif **pauvres** est également cité. Des impressions essentiellement rattachées aux Hongrois vivant en dehors de Budapest (ainsi que l'ont précisé 10 de nos interviewés). La capitale hongroise, ses bains thermaux et ses pâtisseries, conservant l'image d'une ville-vitrine offrant à ses habitants des conditions de vie plus privilégiées...

L'enquête : les résultats complets

Nous avons demandé aux 100 Français qui composent notre panel d'exprimer les adjectifs (cinq au maximum) qui leur viennent spontanément à l'esprit lorsqu'ils pensent aux Hongrois :

- 41 d'entre eux ont évoqué un seul adjectif
- 13 d'entre eux ont exprimé deux adjectifs
- 9 d'entre eux ont cité trois adjectifs
- 7 d'entre eux ont fait allusion à quatre adjectifs
- 5 d'entre eux sont parvenus à citer cinq adjectifs
- 25 d'entre eux n'ont pas été en mesure de suggérer le moindre qualificatif

Au total, **147 adjectifs** ont ainsi été exprimés par nos interviewés pour définir les Hongrois :

Chaleureux (15 citations); **Tristes** (14 citations); **Intelligents** (12 citations); **Tziganes** (11 citations); **Magyars** (9 citations); **Travailleurs** (8 citations); **Slaves** (6 citations); **Mélomanes, Danseurs de valses, Rêveurs** (5 citations); **Modernes, Pauvres, Baroques** (4 citations); **Raffinés, Valeureux, Autrichiens** (3 citations); **Musiciens, Industriels, Discrets, Fiables, Cultivés** (2 citations); **Ruraux, Rigoureux, Disciplinés, Belliqueux, Craintifs, Originaux, Hussards, Fiers, Révolutionnaires, Miséreux, Lymphatiques, Dynamiques, Avancés, Honnêtes, Oisifs, Attachés à la famille, Individualistes, Inorganisés, Pêcheurs, Laborieux, Manipulateurs, Filoux, Ternes, Montagnards, Villageois, Populaires** (1 citation).

Pour découvrir les Hongrois, avec Vasarely et Bela Bartock, voir page 105

Les Irlandais : fêtards, courageux et traditionalistes

La fête et l'alcool sont deux ingrédients que les Français rattachent massivement au quotidien des Irlandais. Une opinion très répandue puisque 26 interviewés ont mis en avant l'adjectif **fêtards** (qui arrive largement en tête des qualificatifs cités). Si l'on ajoute à cela que **buveurs de bière et de whiskey** revient 14 fois, **piliers de pubs** 9 fois, **festifs** 5 fois, **bons vivants** 4 fois, **soiffards** 3 fois, **alcooliques** 2 fois et **couche-tard** 1 fois, on constate que 64 des 216 adjectifs employés font référence à la fête et aux élixirs qui la composent forcément. Certains de nos interviewés (ils se reconnaîtront) possèdent d'ailleurs dans ce domaine des souvenirs qui révèlent un indéniable vécu : leur description du pub, du feu qui brûle dans l'âtre, du «stout» ou de la Guinness partagé avec quelques Irlandais diseurs d'histoires de mer, démontrent une connaissance qui, de toute évidence, n'a rien de livresque....

Une deuxième série d'adjectifs fait référence à la solidité et à l'endurance supposées des Irlandais. Revenant à 17 reprises, **courageux** est le deuxième adjectif le plus cité. Un peu plus bas dans le palmarès, on retrouve les termes **rustres** (4 citations), **combatifs** (2), mais aussi **résistants**, **solides** et **rudes**. Ici, nos interviewés ont évoqué plusieurs références, dont la rigueur de l'hiver «au large de Galway», la mer trop forte pour la pêche côtière et le vent trop violent pour le travail des champs.

Puis vient la tendance au respect des traditions qu'évoque immanquablement le peuple irlandais. **Traditionalistes** est cité à 16 reprises, **attachés au folklore** revient à 6 reprises, **attachés à la terre** aussi; **attachés à la famille** et **authentiques** figurent aussi sur la liste. Nos interviewés ont en tête des images classiques, quasi caricaturales, telles que les femmes tricotant à la maison les fameux pulls irlandais et les hommes marchant dans la lande et la pierraille...

La présence de la religion chez les Irlandais n'échappe pas non plus à nos compatriotes. Le terme **religieux** est ainsi cité à 8 reprises, **catholiques** à 6 reprises, **croyants** et **puritains** à 3 reprises. «*Les églises de village ont des allures de cathédrale*» et «*un saint vit derrière chaque pierre*» a joliment précisé un des interviewés.

Un compliment pour conclure, sur le caractère **chaleureux** (cité à 14 reprises), **sympathique** et **accueillant** des Irlandais, que nos compatriotes dissocient clairement des Anglais en la matière...

L'enquête : les résultats complets

Nous avons demandé aux 100 Français qui composent notre panel d'exprimer les adjectifs (cinq au maximum) qui leur viennent spontanément à l'esprit lorsqu'ils pensent aux Irlandais :

- 36 d'entre eux ont évoqué un seul adjectif
- 17 d'entre eux ont exprimé deux adjectifs
- 22 d'entre eux ont cité trois adjectifs
- 8 d'entre eux ont fait allusion à quatre adjectifs
- 10 d'entre eux sont parvenus à citer cinq adjectifs
- 7 d'entre eux n'ont pas été en mesure de suggérer le moindre qualificatif

Au total, **218 adjectifs** ont ainsi été exprimés par nos interviewés pour définir les Irlandais :

Fêtards (26 citations); **Courageux** (17 citations); **Traditionalistes** (16 citations); **Chaleureux, Buveurs de bière et de whiskey** (14 citations); **Piliers de pubs** (9 citations); **Religieux** (8 citations); **Batailleurs** (7 citations); **Catholiques, Attachés au folklore, Attachés à la terre** (6 citations); **Festifs, Sympathiques, Gaéliques, Accueillants** (5 citations); **Roux, Rustres, Divisés, Bons vivants** (4 citations); **Soiffards, Croyants, Contestataires, Puritains** (3 citations); **Attachés à la famille, Authentiques, Combatifs, Diviseurs, Indépendants, Alcooliques, Rétrogrades, Repliés** (2 citations); **Dépassés, Joyeux, Anglo-Saxons, Indisciplinés, Imprévisibles, Bornés, Francophiles, Opprimés, Entrepreneurs, Sportifs, Écologistes, Entiers, Forts, Bagarreurs, Guerriers, High-Tech, Aigris par rapport aux Anglais, Martyrisés par les Anglais, Pauvres, Couche-tard, Résistants, Travailleurs, Pro-européens, Solides, Rudes** (1 citation).

Pour mieux comprendre les Irlandais, entre Saint-Patrick et la Sillicon Valley de l'union européenne voir page 108

Les Italiens : des beaux-parleurs attachés à leur dolce vita

Les Italiens! Quel incroyable pouvoir évocateur! Pas moins de 327 adjectifs pour les décrire, record absolu de toute notre enquête. Nos voisins transalpins provoquent même une telle variété de perceptions qu'il est bien difficile de savoir par où débuter notre petit commentaire... En voici un (mais nous vous octroyons toute latitude pour le critiquer).

Les Italiens parlent beaucoup, et pas toujours à bon escient! De très nombreux adjectifs, de surcroît souvent cités, illustrent ce trait : **beaux parleurs** (qualificatif le plus fréquemment exprimé dans notre enquête), **baratineurs**, **volubiles**, **bavards**, **bruyants**, **tourbillonnants**, **expansifs**, **exubérants**, sans oublier **exagérateurs** et **vantards**.

À en croire nos interviewés, cette «langue bien pendue» (comme disait nos grand-mères) est en partie destinée à séduire... ce qui constitue la deuxième série de termes (au passage, appréciez l'enchaînement). **Séducteurs**, **dragueurs** et **machos** figurent en effet tous trois parmi les dix adjectifs les plus cités. Et **frivoles** n'est pas très loin.

Une troisième série d'idées reçues renvoie à la douceur de vivre, cette forme de nonchalance conjuguée à de l'optimisme et à une certaine joie de vivre. La formule **attachés à leur dolce vita** revient ainsi à 19 reprises (le film éponyme de FELLINI ayant lui-même été cité en référence à 5 reprises). Cette formule est amplifiée par plusieurs quasi-synonymes tels que **bons vivants**, **épicuriens**, **oisifs** ou **dilettantes**.

Puis vient ce que l'on pourrait appeler le raffinement italien qui se retrouve dans différents domaines comme la mode ou l'automobile. Les courbes des Ferrari, la qualité des chaussures et des vêtements italiens, sont bien connues de nos compatriotes. Différents adjectifs sont cités pour exprimer cette idée, en particulier **raffinés**, **élégants**, **chics**, **créatifs**...

Signalons enfin deux petites séries d'adjectifs qui s'opposent de manière amusante : si certains jugent les Italiens **chaleureux**,

conviviaux, accueillants et **joyeux,** d'autres les voient **antipathiques, prétentieux, tricheurs** et **combinards.**

Et vous, comment les voyez-vous ?

L'enquête : les résultats complets

Nous avons demandé aux 100 Français qui composent notre panel d'exprimer les adjectifs (cinq au maximum) qui leur viennent spontanément à l'esprit lorsqu'ils pensent aux Italiens :

- 16 d'entre eux ont évoqué un seul adjectif
- 16 d'entre eux ont exprimé deux adjectifs
- 26 d'entre eux ont cité trois adjectifs
- 9 d'entre eux ont fait allusion à quatre adjectifs
- 33 d'entre eux sont parvenus à citer cinq adjectifs

Au total, **327 adjectifs** ont ainsi été exprimés par nos interviewés pour définir les Italiens :

Beaux parleurs (22 citations); **Attachés à leur dolce vita** (19 citations); **Accueillants, Attachés à la famille** (15 citations); **Bons vivants** (13 citations); **Séducteurs, Baratineurs, Machos, Dragueurs** (12 citations); **Raffinés, Volubiles** (10 citations); **Bavards, Pauvres dans le Sud** (9 citations); **Bruyants** (8 citations); **Nombrilistes, Frivoles** (7 citations); **Fantasques** (6 citations); **Artistes, Latins, Tourbillonnants, Chaleureux, Elégants** (5 citations); **Expansifs, Râleurs, Frimeurs, Pressés, Exubérants** (4 citations); **Exacerbés, Excités, Susceptibles, Oisifs, Pratiquants, Fiers, Croyants, Chauvins** (3 citations); **Commerçants, Magouilleurs, Cultivés, Communicatifs, Irrespectueux, Désordonnés, Festifs, Antipathiques, Prétentieux** (2 citations); **Mafieux (dans le Sud), Compliqués, Remuants, Indisciplinés, Viriles, Créatifs, Voleurs, Esthètes, Epicuriens, Catholiques, Conviviaux, Joyeux, Indisciplinés, Originaux, Dynamiques, Entiers, Pétillants, Débrouillards, Chics, Polyglottes, Infidèles, Fainéants, Tricheurs, Désorganisés, Gravures de mode, Envahissants, Ingénieux, Combinards, Fiers, Exigeants, Sympathiques, Instables, Dilettantes, Exagérateurs, Travailleurs (dans le Nord), Bordéliques, Bruns, Vantards, Chauffards, Gastronomes** (1 citation).

Pour mieux vous laisser séduire par les Italiens, voir page 112

Les Lettons : de parfaits inconnus

Les Lettons? Pourquoi? Ils font partie de l'Europe? Mais depuis quand? Voici résumées les questions et interrogations spontanées évoquées par l'immense majorité de nos interviewés, incrédules à l'évocation du peuple letton.

Il faut reconnaître qu'avec 2,3 millions de sujets (soit 0,5% de la population totale de l'Union européenne), les Lettons ne pèsent pas très lourds. Mais après tout, c'est bien plus que Malte, bien plus que Chypre, bien plus que le Luxembourg, et même plus que ces trois-là réunis.

Il n'empêche, nos interviewés sont restés sans voix : ce fut le cas pour 92 d'entre eux, record absolu (et de très loin) de notre enquête. Seuls 8 personnes avaient donc quelque chose à dire et trois adjectifs ont été cités à deux reprises : **nationalistes, travailleurs** et **pro-européens par intérêt**.

Peu de références sont donc associées aux Lettons et les 12 qualificatifs cités sont davantage des «impressions» que des affirmations, ainsi que l'ont admis nos interviewés. Dans ces conditions, difficile de poursuivre un quelconque commentaire.

L'enquête : les résultats complets

Nous avons demandé aux 100 Français qui composent notre panel d'exprimer les adjectifs (cinq au maximum) qui leur viennent spontanément à l'esprit lorsqu'ils pensent aux Lettons :

- 5 d'entre eux ont évoqué un seul adjectif
- 2 d'entre eux ont exprimé deux adjectifs
- 1 d'entre eux a cité trois adjectifs
- 92 d'entre eux n'ont pas été en mesure de suggérer le moindre qualificatif

Au total, seulement **12 adjectifs** ont ainsi été exprimés par nos interviewés pour définir les Lettons :

Nationalistes, Travailleurs, Pro-européens par intérêt (2 citations); **Baltes, Sympathiques, Indépendants, Ouverts, Intéressés, Ultra-minoritaires** (1 citation).

Pour découvrir Riga, la perle de la Baltique, les Lettons des villes et les Lettons des champs, voir page 115

Les Lituaniens : méconnus et.... protecteurs de cigognes!

Le moins que l'on puisse dire est que les Français possèdent peu d'informations sur les Lituaniens : sur 100 personnes, 64 n'ont pas été en mesure d'exprimer le moindre adjectif les concernant. Leurs références sur la Lituanie s'arrêtant pour l'essentiel à la désormais célèbre et triste affaire MARIE TRINTIGNANT-BERTRAND CANTAT qui, en 2003, plaça soudainement Vilnius, la capitale lituanienne, dans la lumière des médias français.

Parmi les 72 adjectifs cités pour parler des Lituaniens, deux ont particulièrement retenu notre attention : **défenseurs des oiseaux** et **protecteurs de cigognes**... Renseignements pris auprès de l'un de nos sondés, la Lituanie compterait, entre autres, l'une des plus forte densité de cigognes blanches au monde (cet oiseau est d'ailleurs devenu l'emblème national).

Pour le reste, à l'instar de leurs cousins Estoniens, les Lituaniens sont perçus comme **pro-européens par intérêt** (14 citations, adjectif le plus fréquemment utilisé) pour échapper à une pauvreté d'ensemble : **miséreux** est ainsi cité à 11 reprises, tandis que **besogneux** et **rescapés de l'ex-URSS** figurent sur l'énumération.

Signalons également une série de qualificatifs qui montrent que les Français ont tendance à considérer les Lituaniens avec une certaine méfiance : **corrompus**, **pas de la famille**, **intéressés**, **malins**, **manipulateurs**, sont ainsi cités.

L'enquête : les résultats complets

Nous avons demandé aux 100 Français qui composent notre panel d'exprimer les adjectifs (cinq au maximum) qui leur viennent spontanément à l'esprit lorsqu'ils pensent aux Lituaniens :

- 20 d'entre eux ont évoqué un seul adjectif
- 8 d'entre eux ont exprimé deux adjectifs
- 6 d'entre eux ont cité trois adjectifs
- 2 d'entre eux ont fait allusion à quatre adjectifs
- 2 d'entre eux sont parvenus à citer cinq adjectifs
- 62 d'entre eux n'ont pas été en mesure de suggérer le moindre qualificatif

Au total, **72 adjectifs** ont ainsi été exprimés par nos interviewés pour définir les Lituaniens :

Pro-européens par intérêt (14 citations); **Miséreux** (11 citations); **Fiers** (9 citations); **Travailleurs** (7 citations); **Ruraux** (6 citations); **Besogneux** (5 citations); **Baltes** (3 citations); **Catholiques**, **Indépendants** (2 citations); **Bohémiens**, **Pas de la famille**, **Bohèmes**, **Corrompus**, **Ouverts**, **Peu nombreux**, **Rescapés de l'ex URSS**, **Débrouillards**, **Défenseurs des oiseaux**, **Malins**, **Intéressés**, **Manipulateurs**, **Protecteurs de cigognes** (1 citation).

Pour découvrir les Lituaniens, catholiques aux traditions païennes, touchés par la répression mais à la sérénité retrouvée, voir page 119

Les Luxembourgeois : riches et discrets

Pour les Français, c'est tout ce qui touche à l'argent qui définit en priorité les Luxembourgeois. **Riches** est l'adjectif le plus spontanément cité par un tiers des interviewés. D'autres qualificatifs souvent mis en avant peuvent être considérés comme des synonymes : **affairistes**, **banquiers**, **bourgeois**, **argentés**, **financiers**... Au total, près d'un tiers des adjectifs cités fait ainsi une référence directe à l'argent.

Puis vient à la légendaire discrétion des Luxembourgeois et à une curieuse forme d'inconsistance. Plusieurs termes définissent cette impression, parmi lesquels **discrets** (cité à 11 reprises), **inexistants**, **distants**, **effacés**, **anodins**, **rares**, **tranquilles**, **neutres** et même... **aseptisés**.

Pro-européens est également fréquemment cité (à 16 reprises) et beaucoup rattachent cet adjectif à la fonction de siège de plusieurs institutions européennes (la Cour européenne de Justice, le secrétariat du Parlement européen...) occupée par le Luxembourg. De la même manière, **internationaux** (cité à 5 reprises) semble renvoyer au rôle de place financière internationale tenue par la capitale du Grand-Duché (rôle plusieurs fois signalé).

Les Luxembourgeois sont aussi perçus comme **sympathiques** (qualité très largement citée), **gourmets** et **gourmands**, ainsi que comme **francophiles** (par l'un de nos interviewés).

© Eyrolles

L'enquête : les résultats complets

Nous avons demandé aux 100 Français qui composent notre panel d'exprimer les adjectifs (cinq au maximum) qui leur viennent spontanément à l'esprit lorsqu'ils pensent aux Luxembourgeois :

- 40 d'entre eux ont évoqué un seul adjectif
- 29 d'entre eux ont exprimé deux adjectifs
- 8 d'entre eux ont cité trois adjectifs
- 5 d'entre eux ont fait allusion à quatre adjectifs
- 3 d'entre eux sont parvenus à citer cinq adjectifs
- 15 d'entre eux n'ont pas été en mesure de suggérer le moindre qualificatif

Au total, **157 adjectifs** ont ainsi été exprimés par nos interviewés pour définir les Luxembourgeois :

Riches (30 citations); **Sympathiques** (21 citations); **Pro-européens** (16 citations); **Discrets** (11 citations); **Affairistes** (10 citations); **Inexistants** (7 citations); **Banquiers**, **Internationaux**, **Distants** (5 citations); **Indépendants**, **Effacés** (4 citations); **Anodins**, **Gourmets**, **Gourmands** (3 citations); **Argentés**, **Autarciques**, **Actifs**, **Bourgeois**, **Rares**, **Belges**, **Financiers** (2 citations); **Tranquilles**, **Equilibrés**, **Francophiles**, **Alcooliques**, **Froids**, **Malhonnêtes**, **Grands**, **Peu nombreux**, **Sérieux**, **Sans racines**, **Fermés**, **Industriels**, **Neutres**, **Opportunistes**, **Aseptisés**, **Renfermés** (1 citation).

Pour mieux comprendre les Luxembourgeois, meilleurs élèves de la classe européenne, voir page 123

Les Maltais : les descendants des Chevaliers...

L'histoire de Malte et des Maltais semble intimement liée à l'ordre de Malte, aux Chevaliers dudit ordre et aux Hospitaliers, qui imprègnent largement la perception de nos interviewés. Dans leur imaginaire, ces éléments sont à ce point présents qu'ils sont transformés en adjectifs : **chevaliers** est ainsi cité à 6 reprises, **hospitaliers** à 6 reprises également, **chaleureux** à 18 reprises (qualificatif le plus cité), **organisés** à 15 reprises, **ordonnés** à 2 reprises, etc.

Puis vient l'idée de l'éloignement de ce *«petit archipel rocheux battu par les flots»* pour reprendre la description de l'un de nos sondés. **Insulaires**, **isolés** et **lointains** figurent en effet parmi les quatre adjectifs qui reviennent le plus fréquemment.

D'autres regroupements de termes sont aussi révélateurs même s'ils concernent moins de personnes : les adjectifs **anglophiles** et **anglais** révèlent une connaissance de la présence britannique sur l'île. **Maussades** et **renfrognés** mettent en avant un esprit quelque peu îlien. **Commerçants**, **profiteurs**, **économes** et **travailleurs** attestent un caractère gestionnaire ou matérialiste. Enfin **girondes** (pour les femmes) et **petits-gros** (pour les hommes) constituent peut-être le début d'une définition physique des Maltaises et des Maltais vus par les Français...

Signalons pour terminer les attributs **ouverts**, **apaisés**, **cultivés** et **multiculturels**, évoqués dans notre enquête, qui semblent révéler l'émergence, aux yeux de nos compatriotes, d'une ouverture des Maltais sur l'extérieur...

L'enquête : les résultats complets

Nous avons demandé aux 100 Français qui composent notre panel d'exprimer les adjectifs (cinq au maximum) qui leur viennent spontanément à l'esprit lorsqu'ils pensent aux Maltais :

- 22 d'entre eux ont évoqué un seul adjectif
- 24 d'entre eux ont exprimé deux adjectifs
- 8 d'entre eux ont cité trois adjectifs
- 2 d'entre eux ont fait allusion à quatre adjectifs
- 4 d'entre eux sont parvenus à citer cinq adjectifs
- 40 d'entre eux n'ont pas été en mesure de suggérer le moindre qualificatif

Au total, **122 adjectifs** ont ainsi été exprimés par nos interviewés pour définir les Maltais :

Chaleureux (18 citations); **Insulaires** (17 citations); **Organisés** (15 citations); **Isolés** (12 citations); **Maussades** (7 citations); **Chevaliers**, **Hospitaliers** (6 citations); **Renfrognés** (5 citations); **Agraires**, **Lointains** (4 citations); **Travailleurs**, **Catholiques** (3 citations); **Evolués**, **Ordonnés**, **Anglophiles** (2 citations); **Religieux**, **Girondes (les Maltaises)**, **Méditerranéens**, **Commerçants**, **Multiculturels**, **Folkloriques**, **Ouverts**, **Apaisés**, **Profiteurs**, **Individualistes**, **Cultivés**, **Attachés à leur île**, **Simples**, **Economes**, **Petits-gros**, **Anglais** (1 citation).

Pour ne pas paraître ignare sur les Maltais, voir page 128

Les Néerlandais : écologistes, ouverts et laxistes

Quatre grandes perceptions apparaissent nettement dans notre enquête à propos des Néerlandais.

Ils sont d'abord considérés comme proches de la nature et vivant en harmonie avec elle. De multiples images viennent spontanément à l'esprit de nos interviewés : les milliers de vélos qui circulent dans les rues d'Amsterdam, les champs de tulipes, les polders, les moulins, les canaux rafraîchis par le vent du Nord, etc. Ces images se concrétisent au travers de différents adjectifs : **écologistes** (terme le plus cité dans notre enquête), **propres** et **cyclistes** (également fréquemment employés).

On les voit aussi comme des gens **ouverts** (qualificatif lui-même cité à 16 reprises). Une impression confirmée par la présence des adjectifs **chaleureux**, **mondialistes**, **navigateurs**, **polyglottes**, mais aussi **conquérants**... *«Les Hollandais ont toujours parcouru la planète, ils se sont ouverts au monde par la mer et la Hollande a longtemps été la plus grande puissance maritime d'Europe»* précise à ce sujet l'un de nos interlocuteurs.

Troisième trait de caractère attribué aux Néerlandais : leur laxisme. Une vision très largement répandue, illustrée par plusieurs qualificatifs : **laxistes** (17 citations, deuxième adjectif le plus utilisé), mais aussi **libertaires** (qui revient tout de même à 11 reprises), **permissifs**, **dévergondés** et **libertins**.

La quatrième série de qualificatifs regroupe paradoxalement des stéréotypes inverses à ceux de la série précédente. Ils rattachent aux Néerlandais des qualités de droiture et de sagesse : **rangés**, **puritains**, **calmes**, **tranquilles**, **polis**, **carrés**...

D'autres avis ont également été exprimés, plus isolés mais révélateurs d'idées reçues traditionnelles (**grands**, **blonds**, **froids**, **développés**...) ou plus inattendues (**architectes**, **envahissants**, **méprisants**...).

Signalons enfin la présence significative (6 citations) du vocable **peintres**, qui démontre une nouvelle fois que nos interviewés attribuent parfois aux habitants des impressions liées aux États et à leur patrimoine. Comment en effet, ne pas être **peintre** au pays de VAN GOGH, REMBRANDT et VERMEER... ?

L'enquête : les résultats complets

Nous avons demandé aux 100 Français qui composent notre panel d'exprimer les adjectifs (cinq au maximum) qui leur viennent spontanément à l'esprit lorsqu'ils pensent aux Néerlandais :

- 34 d'entre eux ont évoqué un seul adjectif
- 29 d'entre eux ont exprimé deux adjectifs
- 14 d'entre eux ont cité trois adjectifs
- 6 d'entre eux ont fait allusion à quatre adjectifs
- 10 d'entre eux sont parvenus à citer cinq adjectifs

v7 d'entre eux n'ont pas été en mesure de suggérer le moindre qualificatif

Au total, **208 adjectifs** ont ainsi été exprimés par nos interviewés pour définir les Néerlandais :

Ecologistes (20 citations); **Laxistes** (17 citations); **Ouverts** (16 citations); **Progressistes** (14 citations); **Libertaires** (11 citations); **Grands** (10 citations); **Propres**, **Organisés** (9 citations); **Commerçants** (8 citations); **Cyclistes**, **Blonds** (7 citations); **Conquérants**, **Peintres**, **Froids** (6 citations); **Modernes**, **Rangés** (5 citations); **Permissifs**, **Hautains** (4 citations); **Polyglottes**, **Cools**, **Dévergondés** (3 citations); **Bohèmes**, **Discourtois**, **Puritains**, **Calmes** (2 citations); **Architectes**, **Navigateurs**, **Distants**, **Sportifs**, **Consciencieux**, **Sales (en France)**, **Raffinés**, **Libéraux**, **Matérialistes**, **Tranquilles**, **Chaleureux**, **Avancés socialement**, **Egoïstes**, **Polis**, **Fiers**, **Envahissants**, **Lourds**, **Carrés**, **Libertins**, **Mondialistes**, **Travailleurs**, **Méprisants**, **Attachés à la famille**, **Sans gêne**, **Fêtards**, **Développés**, **Dynamiques** (1 citation).

Pour mieux comprendre les Néerlandais, que nous avons l'habitude d'appeler Hollandais et qui ont la bosse du commerce, voir page 132

Les Polonais : travailleurs et catholiques

La caractéristique essentielle attribuée aux Polonais par nos interviewés est d'être **travailleurs**. Avec 38 citations, cette qualité arrive en effet très nettement en tête.. Elle est de surcroît «diluée» (ou renforcée) par la présence d'autres adjectifs synonymes, tels que **courageux**, **actifs** et **productifs**.

Mais les Polonais ne sont pas considérés comme des **travailleurs** ordinaires ; une caractéristique corollaire leur est en effet très largement associée : leur endurance. Un aspect qui revient fréquemment par le biais des vocables **résistants**, **solides**, **infatigables**, **persévérants**, **résistants** et **endurants.** Sans oublier la présence d'un néologisme imagé mais très parlant : **duracélien**, qui fait référence au «petit lapin qui ne s'arrête jamais», emblème de la marque de piles bien connue...

On leur attribue aussi un fort attachement à la religion **catholique** (29 citations, deuxième adjectif le plus cité). La longévité et la richesse du pontificat de Jean-Paul II contribuent à l'évidence à cette perception (Jean-Paul II est spontanément cité par 24 personnes). Mais ce n'est pas l'unique explication, le peuple polonais étant naturellement perçu comme **croyant** et **pratiquant.**

«Les Polonais ont beaucoup souffert au cours de leur histoire» ; cette remarque entendue au cours de notre consultation, illustre bien une autre impression, celle d'une souffrance et d'une tristesse générale des Polonais. Des épisodes noirs de l'histoire de la Pologne sont spontanément évoqués dont le plus tragique (Auschwitz-Birkenau) et d'autres plus récents (les révoltes ouvrières de Poznan, les chantiers navals de Gdansk...). *«Ce poids du passé pèse encore aujourd'hui sur les épaules des Polonais qui portent leur histoire comme un fardeau»* explique ainsi l'un de nos interlocuteurs. Ce sentiment se traduit de diverses manières dans les adjectifs **tristes**, **maussades**, **renfrognés**, **soumis**, **mélancoliques**, **opprimés**, **méprisés**...

Dans un tout autre registre, on attribue souvent aux Polonais une forte consommation d'alcool. Cela s'exprime dans les qualificatifs **alcooliques** (17 citations), **gros buveurs**, **soiffards** et **soûlards.**

Notons enfin la présence d'adjectifs contradictoires (sans que l'on puisse toutefois en tirer de conclusion) tels que **sympathiques** et **antipathiques, froids** et **chaleureux, hypocrites** et **généreux**, ou encore **complexés** et **téméraires**...

L'enquête : les résultats complets

Nous avons demandé aux 100 Français qui composent notre panel d'exprimer les adjectifs (cinq au maximum) qui leur viennent spontanément à l'esprit lorsqu'ils pensent aux Polonais :

- 40 d'entre eux ont évoqué un seul adjectif
- 27 d'entre eux ont exprimé deux adjectifs
- 7 d'entre eux ont cité trois adjectifs
- 10 d'entre eux ont fait allusion à quatre adjectifs
- 12 d'entre eux sont parvenus à citer cinq adjectifs
- 4 d'entre eux n'ont pas été en mesure de suggérer le moindre qualificatif

Au total, **215 adjectifs** ont ainsi été exprimés par nos interviewés pour définir les Polonais :

Travailleurs (38 citations); **Catholiques** (29 citations); **Courageux** (18 citations); **Alcooliques** (17 citations); **Résistants** (10 citations); **Solides** (9 citations); **Tristes** (8 citations); **Maussades** (6 citations); **Sympathiques**, **Généreux** (5 citations); **Renfrognés**, **Gros buveurs** (4 citations); **Cultivés**, **Démodés**, **Affirmés** (3 citations); **Infatigables**, **Froids**, **Opportunistes**, **Productifs**, **Persévérants**, **Endurants**, **Résistants**, **Festifs**, **Attachés à la famille**, **Attachés à leurs traditions** (2 citations); **Eloignés culturellement**, **Immigrants**, **Lourds**, **Hypocrites**, **Téméraires**, **Complexés**, **Forts**, **Ambitieux**, **Accueillants**, **Discrets**, **Miséreux**, **Frustrés**, **Soumis**, **Pratiquants**, **Duracéliens** (travailleurs infatigables), **Fiers**, **Nationalistes**, **Croyants**, **Francophiles**, **Chaleureux**, **Pauvres**, **Assistés**, **Ruraux**, **En retard écologiquement**, **Méprisés**, **Mélancoliques**, **Soiffards**, **Soûlards**, **Violonistes**, **Opprimés**, **Antipathiques**, **Bons marchés**, **Actifs** (1 citation).

Pour mieux comprendre le chemin parcouru et le chemin à parcourir par les Polonais, voir page 136

Les Portugais : travailleurs, courageux, catholiques

Pour les Français, les Portugais sont d'abord et avant tout des **travailleurs** (qualificatif cité 58 fois). **Courageux** (17 citations) arrive en deuxième position. Deux termes auxquels il faut ajouter ceux de **bâtisseurs**, **maçons**, **endurants** et **persévérants**, également plusieurs fois cités. Une vision, ont admis la plupart de nos interlocuteurs, largement inspirée par la perception qu'ils ont des Portugais vivant et travaillant en France (ils sont environ 560 000) et qui assument correctement de nombreux travaux, parfois pénibles.

Les Portugais sont aussi perçus comme **catholiques** (15 citations). **Croyants** et **pratiquants**, plusieurs fois cités, confirment cette impression. Nos interviewés ont évoqué spontanément plusieurs éléments à ce sujet dont le pèlerinage de Notre-Dame de Fatima et Saint-Antoine de Padoue (saint patron du Portugal).

Conquérants, **immigrants**, **explorateurs** et **audacieux** forment une autre série d'adjectifs peut-être plus inattendue. Différentes références ont été évoquées pour illustrer ces attributs : «peuple-navire» (expression employée par deux personnes), Bartolomeu Dias et surtout Vasco de Gama (6 interviewés l'ont spontanément évoqué) qui, au xve siècle, fut l'un des premiers à se lancer à la conquête des mers.

Sympathiques, **accueillants** et **conviviaux** constituent une quatrième série de qualificatifs qui montre que les Portugais sont reconnus par les Français comme des voisins plutôt chaleureux et amicaux (même si curieusement, aucun de ces deux mots n'a été directement prononcé).

Signalons également quelques notions plus disparates, certaines assez prévisibles : **petits** (tout de même évoqué à 12 reprises), **attachés à la famille** (également cité 12 fois), **communautaires**, **solidaires**, **effacés** et **simples**; d'autres plus surprenantes et peu flatteuses telles que **magouilleurs**, **gourmands**, **nationalistes** et **hypocrites**.

L'enquête : les résultats complets

Nous avons demandé aux 100 Français qui composent notre panel d'exprimer les adjectifs (cinq au maximum) qui leur viennent spontanément à l'esprit lorsqu'ils pensent aux Portugais :

- 32 d'entre eux ont évoqué un seul adjectif
- 26 d'entre eux ont exprimé deux adjectifs
- 12 d'entre eux ont cité trois adjectifs
- 10 d'entre eux ont fait allusion à quatre adjectifs
- 14 d'entre eux sont parvenus à citer cinq adjectifs
- 6 d'entre eux n'ont pas été en mesure de suggérer le moindre qualificatif

Au total, **230 adjectifs** ont ainsi été exprimés par nos interviewés pour définir les Portugais :

Travailleurs (58 citations); **Courageux** (17 citations); **Catholiques** (15 citations); **Attachés à la famille** (12 citations); **Petits** (12 citations); **Communautaires** (7 citations); **Sympathiques** (6 citations); **Conquérants, Croyants, Immigrants, Inépuisables** (5 citations); **Accueillants, Bâtisseurs, Conviviaux, Quelconques, Solidaires entre eux, Susceptibles, Vantards** (4 citations); **Constants, Endurants, Explorateurs, Maçons, Magouilleurs, Nostalgiques, Persévérants, Pratiquants, Sales** (3 citations); **Actifs, Sérieux, Malins, Soudés, Simples, Fiables, Effacés, Frustrés** (2 citations); **Audacieux, Désorganisés, Gourmands, Hypocrites, Gentils, Nationalistes, Fiers, Ternes, Pauvres, Expansifs, M'as-tu vu, Résistants** (1 citation).

Pour mieux comprendre les Portugais après la Révolution des Œillets et avec leurs trésors cachés, voir page 140

Les Slovaques : ouverts, pauvres et démodés

Peu de nos interviewés connaissent les Slovaques qui, de surcroît, ne provoquent guère de réaction spontanée. Et la plupart de nos sondés qui ont évoqué des traits de caractère l'ont fait après plusieurs secondes de réflexion, point suffisamment rare sur l'ensemble de notre enquête pour être signalé.

Après cogitation donc, les Slovaques inspirent d'abord un sentiment positif de convivialité et d'ouverture. **Ouverts** est ainsi l'adjectif le plus couramment cité (18 fois), tandis que **chaleureux**, **joyeux** et **accueillants** figurent en bonne place sur la liste des termes employés.

Un curieux sentiment de désuétude illustré par les adjectifs **dépassés**, **démodés** et **désuets** a aussi été mis en avant. Un sentiment qui semble se rattacher autant à l'image des équipements du pays qu'à celle des habitants (l'un de nos interlocuteur a par exemple évoqué le charme «désuet» des stations de ski slovaques situées près de la frontière polonaise).

Une autre perception dominante concerne la pauvreté d'ensemble et la tristesse inspirées par les Slovaques, une sorte de nostalgie mêlée de tradition paysanne. Des sentiments un peu brouillons, pas toujours bien exprimés, mais qui se retrouvent dans différents qualificatifs tels que **pauvres** (16 citations), **ruraux** (5 citations), mais aussi dans les adjectifs **manouches**, **désordonnés**, **désorganisés**, **rustres**, **laborieux**...

L'enquête : les résultats complets

Nous avons demandé aux 100 Français qui composent notre panel d'exprimer les adjectifs (cinq au maximum) qui leur viennent spontanément à l'esprit lorsqu'ils pensent aux Slovaques :

- 14 d'entre eux ont évoqué un seul adjectif
- 14 d'entre eux ont exprimé deux adjectifs
- 10 d'entre eux ont cité trois adjectifs
- 4 d'entre eux ont fait allusion à quatre adjectifs
- 4 d'entre eux sont parvenus à citer cinq adjectifs
- 54 d'entre eux n'ont pas été en mesure de suggérer le moindre qualificatif

Au total, **108 adjectifs** ont ainsi été exprimés par nos interviewés pour définir les Slovaques :

Ouverts(18citations) ; **Pauvres**(16citations) ; **Travailleurs**(15citations) ; **Soviétiques** (8citations) ; **Ruraux**, **Chaleureux**(5citations) ; **Dépassés**, **Démodés**(4 citations) ; **Ecologistes**, **Slaves**(3citations) ; **Joyeux**, **Accueillants**, **Indépendants**(2citations) ; **Manouches**, **Désordonnés**, **Désorganisés**, **Belliqueux**, **Malins**, **Pro-européens**, **Artisans**, **Fantasques**, **Artistes**, **Rustres**, **Nationalistes**, **Complexés par rapport aux Tchèques**, **Modernes**, **Avancés**, **Tchèques**, **Dynamiques**, **Honnêtes**, **Laborieux**, **Courageux**, **Inorganisés**, **Désuets** (1 citation).

Pour découvrir le répit des Slovaques et la surprenante flat tax,

voir page 144

Les Slovènes : entre tradition et modernité

Nos compatriotes voient d'abord dans les Slovènes un peuple pétri de traditions et de ruralité. Quelques-uns de nos interviewés ont évoqué des images de champs de mandariniers, de plantations d'oliviers ou de vastes collines (l'un d'eux se souvient avoir vu dans un documentaire télévisé que les forêts couvrent la moitié du pays). D'autres ont en tête des villages, des familles unies et nombreuses, des vieux ports aux accents vénitiens. Ce foisonnement d'images (que tous admettent livresques ou télévisuelles) se concrétise par plusieurs adjectifs : **attachés à la famille** (17 citations) mais aussi **cultivateurs, paysans, traditionalistes, vénitiens**...

Nos interviewés font aussi le lien entre la Slovénie et l'ancienne Yougoslavie (l'un d'eux rappelle à ce sujet que la Slovénie n'est indépendante que depuis 1991 et que son histoire demeure très liée à celle de la Yougoslavie). Plusieurs adjectifs confirment cette impression, en particulier **Slaves** (adjectif le plus fréquent avec 20 citations) et **Yougoslaves** (cité à 6 reprises).

Une troisième et dernière liste de qualificatifs révèle que les Français possèdent une certaine conscience de l'actuel «miracle économique» qui caractérise la Slovénie. Les termes **dynamiques, en développement, organisés** et **ingénieux** illustrent parfaitement cette opinion. Deux de nos sondés ont lu récemment dans leur quotidien que différents secteurs économiques de la Slovénie (le bois, l'automobile, la pharmacie, l'électroménager...) affichent même une éclatante santé...

L'enquête : les résultats complets

Nous avons demandé aux 100 Français qui composent notre panel d'exprimer les adjectifs (cinq au maximum) qui leur viennent spontanément à l'esprit lorsqu'ils pensent aux Slovènes :

- 21 d'entre eux ont évoqué un seul adjectif
- 10 d'entre eux ont exprimé deux adjectifs
- 9 d'entre eux ont cité trois adjectifs
- 8 d'entre eux ont fait allusion à quatre adjectifs
- 4 d'entre eux sont parvenus à citer cinq adjectifs
- 48 d'entre eux n'ont pas été en mesure de suggérer le moindre qualificatif

Au total, **120 adjectifs** ont ainsi été exprimés par nos interviewés pour définir les Slovènes :

Slaves (20 citations); **Attachés à la famille** (17 citations); **Pauvres** (15 citations); **Rugueux** (8 citations); **Dynamiques**, **En développement** (7 citations); **Yougoslaves** (6 citations); **Tourmentés**, **Cultivateurs** (5 citations); **Paysans** (4 citations); **Lents**, **Organisés** (3 citations); **Chauvins**, **Petits**, **Indépendants**, **Russes**, **Traditionalistes** (2 citations); **Accueillants**, **Italophiles**, **Rustres**, **Admiratifs des germanophones**, **Travailleurs**, **Ingénieux**, **Pro-européens**, **Miséreux**, **Victimes**, **Vénitiens** (1 citation).

Pour approfondir vos intuitions sur les Slovènes, qui ont eu l'intelligence de grimper dans le wagon européen, voir page 148

Les Suédois : toujours le cliché du «grand-blond»...

Si, à la suite de notre enquête, il est une palme qui revient sans contestation possible aux Suédois, c'est celle de susciter le plus grand nombre de clichés! Aucune autre nationalité (bien loin s'en faut) ne se voit en effet affublée d'autant d'idées reçues.

Sur les dix adjectifs les plus cités, tous, sans exception, sont en effet à mettre à l'actif des traditionnels stéréotypes attribués aux Scandinaves : l'inséparable et inévitable trio **grands**, **blonds** et **propres** se voyant concurrencé par les non moins inévitables et indémodables **organisés**, **froids**, **Scandinaves**, **Nordiques**, **Vikings** et **écologistes**...

Cette omniprésence de poncifs, unique dans notre consultation, est pour le moins troublante. Elle semble en effet constituer un refuge pour interviewés en mal d'images plus pertinentes... Elément d'autant plus surprenant que la Suède, en tant que pays cette fois, évoque chez nos sondés des données très précises à l'image des prouesses du géant du meuble Ikéa, de la contribution à la science D'ALFRED NOBEL ou du calme des canaux de Stockholm...

Alors, en dehors des lieux communs évoqués plus haut, point de salut?

Pas tout à fait. Les qualités des meubles Ikéa rejaillissent tout de même un peu sur ceux qui les dessinent et les fabriquent... On note ainsi la présence des adjectifs **designers**, **créatifs**, **inventifs** et **avant-gardistes**... Le génie du chimiste ALFRED NOBEL (connu aujourd'hui pour le prix qui porte son nom) se retrouve sans doute lui aussi dans les qualificatifs **méticuleux**, **précurseurs** et **performants**, tandis que le charme typiquement suédois de Stockholm trouve probablement un peu de sa concrétisation dans les vocables **natures**, **accueillants** et **chaleureux**...

L'enquête : les résultats complets

Nous avons demandé aux 100 Français qui composent notre panel d'exprimer les adjectifs (cinq au maximum) qui leur viennent spontanément à l'esprit lorsqu'ils pensent aux Suédois :

- 21 d'entre eux ont évoqué un seul adjectif
- 33 d'entre eux ont exprimé deux adjectifs
- 17 d'entre eux ont cité trois adjectifs
- 10 d'entre eux ont fait allusion à quatre adjectifs
- 15 d'entre eux sont parvenus à citer cinq adjectifs
- 4 d'entre eux n'ont pas été en mesure de suggérer le moindre qualificatif

Au total, **253 adjectifs** ont ainsi été exprimés par nos interviewés pour définir les Suédois :

Blonds (28 citations); **Grands** (27 citations); **Propres** (20 citations); **Organisés** (19 citations); **Froids** (15 citations); **Scandinaves** (12 citations); **Nordiques**, **Vikings** (11 citations); **Ecologistes** (10 citations); **Modernes**, **Accueillants** (8 citations); **Policés** (7 citations); **Sérieux**, **Rigoureux** (6 citations); **Inventifs**, **Libéraux**, **Ouverts** (5 citations); **Avancés socialement** (4 citations); **Fiables**, **Sympathiques**, **Chaleureux** (3 citations); **Méticuleux**, **Puritains**, **Performants**, **Fermés**, **Natures**, **Délurés**, **Solides** (2 citations); **Justes**, **Respectueux**, **Avant-gardistes**, **Hédonistes**, **Sages**, **Fidèles**, **Sclérosés**, **Paresseux**, **Chauvins**, **Repliés sur eux-mêmes**, **Matérialistes**, **Designers**, **Assistés sociaux**, **Créatifs**, **Industriels**, **Séducteurs**, **Travailleurs**, **Secs**, **Drôles**, **Démocratiques**, **Riches**, **Précurseurs**, **Créatifs** (1 citation).

Pour sortir des clichés sur les Suédois, voir page 152

Les Tchèques : cultivés mais déprimés

La première impression qui se dégage à propos des Tchèques et de la République tchèque est celle d'une richesse culturelle et patrimoniale. *«Les Praguois sont cultivés et ont la chance d'habiter dans l'une des plus belles villes du monde»* a ainsi résumé l'un des sondés. L'image que dégage Prague, avec ses pavés moyenâgeux, son Printemps pour mélomanes et sa vieille ville, semble curieusement rejaillir sur ses habitants et, au-delà d'eux, sur l'ensemble des Tchèques. Plusieurs qualificatifs concrétisent cette première grande tendance : **cultivés** (16 citations), **culturellement riches** (11 citations) et **attachés à leur patrimoine** (9 citations).

La deuxième série d'adjectifs qui s'imposent en grand nombre traduit un net sentiment de tristesse, de froideur, de rudesse, presque d'accablement à l'évocation de la population tchèque (un de nos interlocuteur nous a rapporté avoir lu récemment que la République tchèque possède le plus fort taux de suicides d'Europe). Plusieurs qualificatifs révèlent ce trait : **pauvres** (14 citations, deuxième adjectif le plus cité) mais aussi **endurcis**, **tristes**, **coriaces**, **ouvriers**, **démodés**, **rustres**, **austères**, **déprimants**, **alcooliques**, **durs** et **rudes**.

Un troisième aspect mérite d'être relevé même s'il est plus ténu. Il concerne le caractère démocratique très récent des Tchèques, presque fragile. La notion de **démocrates récents** revient ainsi à 6 reprises, tandis que **Soviétiques** est cité 3 fois. L'un de nos sondés nous a rappelé qu'il a fallu attendre 1989 pour que la démocratie s'impose enfin chez les Tchèques avec l'arrivée au pouvoir de VACLAV HAVEL...

Quelques autres adjectifs, plus rares mais plus positifs, sont tout de même révélateurs de perceptions favorables : modernes, honnêtes, dynamiques, sérieux, avancés...

L'enquête : les résultats complets

Nous avons demandé aux 100 Français qui composent notre panel d'exprimer les adjectifs (cinq au maximum) qui leur viennent spontanément à l'esprit lorsqu'ils pensent aux Tchèques :

- 22 d'entre eux ont évoqué un seul adjectif
- 21 d'entre eux ont exprimé deux adjectifs
- 11 d'entre eux ont cité trois adjectifs
- 6 d'entre eux ont fait allusion à quatre adjectifs
- 1 d'entre eux est parvenu à citer cinq adjectifs
- 39 d'entre eux n'ont pas été en mesure de suggérer le moindre qualificatif

Au total, **126 adjectifs** ont ainsi été exprimés par nos interviewés pour définir les Tchèques :

Cultivés (16 citations); **Pauvres** (14 citations); **Pro-européens par intérêt** (13 citations); **Culturellement riches** (11 citations); **Attachés à leur patrimoine** (9 citations); **Dynamiques** (8 citations); **Démocrates récents** (6 citations); **Endurcis**, **Folkloriques** (5 citations); **Tristes** (4 citations); **Sérieux, Coriaces, Ouvriers, Nationalistes, Soviétiques** (3 citations); **Démodés, Rustres, Slaves, Austères** (2 citations); **Déprimants, Alcooliques, Durs, Résistants, Modernes, Avancés, Honnêtes, Travailleurs, Belliqueux, Rudes, Ruraux, Tenaces** (1 citation).

Pour mieux comprendre le chemin à parcourir par les Tchèques, voir page 155

3

LE GRAND NUANCIER EUROPÉEN

Au-delà de nos idées reçues, 24 portraits pour connaître nos voisins

LES ALLEMANDS :
INCONTOURNABLES CHANTRES DE L'ORGANISATION

Comment imaginer notre quotidien sans nos voisins germaniques... La ligne bleue des Vosges n'est plus qu'une image géographique et non un symbole guerrier. Les Allemands sont devenus nos partenaires depuis la réconciliation décrétée par DE GAULLE et ADENAUER le 22 janvier 1963 (Traité de l'Elysée). Quant à CHIRAC et SCHRÖDER, ils ont officialisé ce 22 janvier comme la journée franco-allemande.

Longtemps, les Allemands furent les ennemis, avec la cohorte de récits et souvenirs dramatiques de nos anciens ayant vécu les épouvantables conflits 1914-1918 ou 1939-1945...

Puis, petit à petit, grâce aux jumelages des communes, grâce à l'office franco-allemand pour la jeunesse, héritier du Traité de l'Elysée, les jeunes et les moins jeunes se sont rencontrés...

On ne compte plus aujourd'hui les Allemands vivant en France et vice-versa. La chaîne de télévision Arte ne fut pas en reste et nous devons à beaucoup de Français et d'Allemands, par leur engagement personnel, un rapprochement citoyen. On citera ici deux hommes remarquables : un journaliste, AUGUST VON KAGENECK, cheville ouvrière de l'entente entre nos deux peuples, partisan de l'Europe unie, et DANIEL GOEUDEVERT, un des rares Français qui eut accès à de hautes responsabilités en Allemagne en tant que Vice-président international de Volkswagen et conseiller du chancelier HELMUT KOHL.

Ce sens inné de la discipline...

Nous apprécions la rigueur allemande, ce sens inné de la discipline toujours en vigueur où rien n'est laissé au hasard ; mais nous avons du mal avec ces voisins qui gardent trop souvent une certaine retenue. L'organisation allemande est certes citée en exemple, et le pragmatisme germanique est bien réel, mais l'un comme l'autre continuent de nous impressionner...

Comme nous, nos cousins Germains sont aussi un peu nombrilistes, moins tout de même depuis qu'ils ont abandonné le sacro-saint deutsch mark pour l'euro. Leur monnaie leur apportait en effet une aura mercantile, rien ne pouvait résister au mark...

Dans un tout autre domaine, nous sommes toujours sous le charme de l'agencement du logis germanique fait de bois et baigné par la lueur de bougies, ainsi que de ces pâtisseries faites maison qui symbolisent le bien être et l'équilibre familial.

Capables de nous déclamer HUGO et LAMARTINE...

Nous sommes en revanche moins enclins à vanter leurs fêtes, surtout la bavaroise fête de la bière quand des centaines d'hectolitres de bière sont engloutis avec moult wursteln (saucisses) et leberkäse (goûtez, ça vaut tout de même le détour...). Ici, nous redevenons les amis de RONSARD. Notre légendaire délicatesse

© Eyrolles

d'apparat montre une main ferme, non, nous n'irons pas jusque là... nous aimons tant les frontières invisibles...

Et si nous avons mis aux oubliettes le prototype de la Germanique grande, blonde, en costume régional avec de grosses nattes, nous restons sensibles à ce romantisme allemand, plutôt rhénan, savant mélange entre poèmes, légendes, et musiques classiques. Nous aimons BRAHMS et GOETHE, cela sonne à nos oreilles comme le rocher de la Lorelei et nous sommes prêts à perdre notre cœur à Heidelberg...

Quand nous trouvons les Allemands francophiles, c'est avec un petit nœud dans la gorge, tant ils sont capables de nous déclamer HUGO ou LAMARTINE... En fait, il reste toujours entre nous ces années de plomb, celles de l'occupation, celles de la Shoah, et c'est en se connaissant un peu mieux que nous sommes portés les uns et les autres à en parler. Ici, on se rend compte (même chez les jeunes), que le passé est bien lourd à porter, et qu'il faut vivre avec... C'est pour cela qu'existent plusieurs lieux de mémoire, dont le nouveau mémorial de la Shoah, situé à Paris, dans le quartier historique du Marais. On y trouve notamment l'origine du télex d'Izieu, qui permit l'inculpation de KLAUS BARBIE pour crimes contre l'humanité...

Du passé, ne faisons pas table rase, mais utilisons-le pour construire l'avenir, c'est une formule que nous envisageons de plus en plus, et c'est tant mieux... Serions-nous sous le charme allemand, ou les Allemands seraient-ils sous le charme français? Ni l'un, ni l'autre, avec l'un et l'autre, par l'un et par l'autre... Notre relation est ambiguë, c'est de l'amour sans passion, avec raison, une fidélité forgée par le temps, un lien invisible qui nous unit, parce que nous savons bien les uns et les autres que nous devons vivre ensemble...et pas à contrecœur.

Terminer la digestion de l'ancienne RDA

Les Allemands doivent digérer l'ancienne RDA, un déjeuner un peu lourd, alors nous les regardons avec compassion, admiration, comment ferions-nous à leur place?... La tâche, en effet, n'est pas simple. La réunification, dont le coup d'envoi remonte à la nuit du 9 au 10 novembre 1989 avec la chute du «mur de la honte», coûte très cher et a fragilisé une économie longtemps perçue iné-branlable.

Mais nous pouvons avoir (et nous avons) toujours confiance dans les Allemands, Comme par réflexe, quand il s'agit de leurs pro-duits (pardi, ça vient d'Allemagne, alors, c'est du solide), c'est fiable, on peut y aller...

À la moindre réunion, au plus simple partenariat, on se prépare... Si notre système D les amuse, ils ne le comprennent pas souvent et mieux vaut leur montrer que nous aussi savons être sérieux, stricts et de bonne foi...

Car l'Allemagne, même en proie à des difficultés, reste un modèle d'efficacité économique. Un adage souvent utilisé dans le sport affirme que les grandes équipes ne meurent jamais... Les grandes économies non plus. Dans l'Allemagne réunifiée, les Länder ont repris leur marche en avant et se sont réorganisés. La chimie et la mécanique de la Basse Saxe (Hanovre, Brunswick), la sidérur-gie de la Sarre et les industries de transformation du carrefour Rhin-Main-Nackar, s'adaptent à la demande... Les Allemands sont en train de réagir, qu'on se le dise, même s'ils ont franchi en jan-vier 2005 la barre fatidique des 5 millions de chômeurs....

Les cars immatriculés en Allemagne font partie de notre paysage

Quand à la relation personnelle, une bonne poignée de main scel-lera un début d'amitié, on cassera tout de suite la glace un verre à la main, et une fois que nous aurons ri ensemble, nous découvri-rons les nuances et subtilités qui font que les Allemands possè-dent une richesse culturelle et traditionnelle que par trop souvent on a tenté de nous présenter comme une culture barbare...

Les choses se font. Si naguère les Français notaient le passage d'un Allemand ou d'une Allemande, ils passent aujourd'hui inaperçus ; les cars et automobiles immatriculés en Allemagne font partie du paysage.

Notre fédérateur s'appelle CHARLEMAGNE, on lui doit bien ça sur les deux rives du Rhin...

Pour comparer la réalité aux stéréotypes de départ, voir page 15

Toujours monolithiques les Allemands ?

LES ANGLAIS :
FINALEMENT SI PROCHES DE NOUS !

My english is french!...

Depuis la bataille d'Hastings où GUILLAUME LE CONQUÉRANT envahit la terre des Angles, ce qui donna England, nous continuons amicalement à nous opposer à nos amis grands-bretons, en particulier chaque année sur de vertes pelouses qui accueillent nos joueurs de rugby respectifs.

Mais à quoi tiennent ces frictions permanentes?

Précisons tout d'abord qu'il est préférable de parler d'Anglais que de Britanniques, car les Anglais ne sont que l'un des peuples unis sous l'Union Jack, comptez aussi les Ecossais, les Gallois et les Nords-Irlandais.

Aujourd'hui assez semblables...

Entre les Français et les Anglais, il n'y a pas un océan de différences, seulement un bras de mer appelé la Manche... En fait, nous sommes semblables. Attachés à nos us et coutumes, nous partageons le même sens de la grandeur.

Et d'abord celle de la nation. Nos colonies respectives nous donnaient une ampleur mondiale, à la différence près que la France, dans l'épisode de la décolonisation, laissa filer un peu vite ses anciens territoires sans les fédérer, ce qu'évitèrent nos amis d'outre Manche en créant le Commonwealth...

Viennent ensuite les habitudes... Nous sommes attachés à nos cafés comme les Anglais le sont à leurs pubs; il en va de même pour le «tea time» quand nous consacrons une large place à la pause café, devenant même un téléfilm très imagé (et assez juste) quant à notre comportement gaulois.

Côté temps libre, la célèbre fin de semaine anglaise, à qui l'on attribua chez nous l'expression «semaine anglaise», s'est transformée en France en 35 heures...

Et de l'élégance anglaise subsiste cet attrait pour les costumes bien taillés, cravates et chemises assorties, que nos couturiers parisiens combattent toujours et encore par la mode à la française...

Nous avons encore en commun des réactions qu'aucun autre Européen n'oserait aborder : le dégoût, l'embarras, le malaise, suscités à la moindre parole que nous jugeons déplacée, sans parler d'un comportement ou d'un port qui ne siéraient pas à nos habitudes...

Comme nous, les Anglais aiment aussi le protocole, les petits plats dans les grands, les envolées lyriques des hommes politiques et les petites rumeurs que l'on se glisse au creux de l'oreille en jurant, Grand Dieu, que jamais au grand jamais nous ne fûmes informés de la chose...

En fait, depuis le Duc de Normandie, ne sommes nous pas identiques? Et si nous le sommes effectivement, n'est-ce pas là que le bât blesse?

Frères-ennemis

Notre histoire commune est jalonnée d'affrontements et de batailles, et nous gardons dans la gorge le mauvais goût des défaites. Quelle gifle d'arriver par l'Eurostar à Waterloo station, quelle claque quand nous devons passer par Trafalgar Square... Alors pour ne pas être en reste, nous proposons à nos amis des plats d'huîtres, d'escargots et de tripes, en leur parlant de la chère MARGARET THATCHER... Simples chahuts de frères ennemis un peu turbulents!

Les Anglais s'installent de plus en plus en Dordogne, c'est normal, l'Aquitaine leur a appartenu bien longtemps. Mais ce n'est pas tout... Ce qui prouve que nous sommes identiques, ce n'est pas seulement la proportion de mots français dans la langue anglaise, à commencer par ceux désignant la viande (beef, pork, veel), ou encore une grammaire à la structure très proche. Ce qui affirme notre proximité, c'est notre aptitude à l'affrontement commun que nous arrêtons toutes affaires cessantes quand un tiers vient se mêler de ce qui ne le regarde pas. Là, nous sommes unis pour affronter ce mal éduqué qui vient troubler notre abonnement au combat...

Flegme éternel

Quel drôle de couple que ces Anglo-Français. En France, nous nous passionnons pour la famille royale. Ne serait-ce que le moindre accro au carrosse royal et déjà les rotatives françaises sont en route... Peut-être gardons nous au fond de notre cœur l'exécution d'un roi et d'une reine qui n'en méritaient pas tant...

Le vert anglais nous touche, ces petites boîtes de thé ou de savons décorent nos intérieurs, surtout quand on a pris la peine de les acheter chez Harrod's... Et oui, quel Français n'a jamais rêvé de faire ses emplettes de janvier à Londres!... Et encore... Si les Anglais nous embêtent avec leur éternel flegme, nous leur opposons une respectueuse attitude à marquer notre territoire de bons vivants ripailleurs, mais dans les règles de la gastronomie française, et toc!...

Il n'empêche, que ferions-nous sans les Anglais, et eux sans nous? C'est à se demander si finalement, nous n'avons pas besoin les uns des autres... La muse des Français s'appelle JANE BIRKIN, elle l'a bien compris en entretenant son accent... Les humoristes anglais triomphent en France tel les regrettés PETER USTINOV et BENNY HILL, aujourd'hui le nouveau venu s'appelle MISTER BEAN. Quel Français ne mettrait pas en exergue l'humour britannique... Nous l'apprécions parce qu'il est fin, précieux, distingué, à l'opposé de nos blagues belges... Ce qui ne nous empêche pas d'envoyer outre Manche nos meilleurs chefs, histoire de rappeler aux Anglais où fut créé l'art culinaire.

Et puis, Français et Anglais avons cette passion, érigée en dogme, de ne pas apprendre la langue des autres puisque seule la nôtre est conforme... D'où un certain retard linguistique accumulé en France. Nous apprécions la gaudriole politique anglaise dont les tabloïds de Fleet Street se repaissent régulièrement quand nos élus du Palais Bourbon s'épongent le front en pensant que les journalistes français sont vraiment de chics types!... Enfin, n'oublions pas que nous fûmes, eux et nous, novateurs en diplomatie, notre plus beau bébé restant l'Entente Cordiale, une invention vraiment franco-anglaise!

Des raisons d'espérer...

Même nos économies semblent fonctionner en soeurs jumelles. Pour l'une comme pour l'autre, les dernières décennies ont été marquées par des yoyos de privatisations-nationalisations d'entreprises, par de coûteuses mises à niveau d'infrastructures et d'équipements, et le plus important, par une explosion sans précédent du chômage. L'économie anglaise vit au rythme des crises et peu de secteurs y échappent.

Elle conserve toutefois de bonnes raisons d'espérer : les chimistes anglais, les spécialistes de l'industrie alimentaire, et bien d'autres professionnels, figurent parmi les plus performants du monde. Elle peut aussi compter sur le grand-frère américain et a su garder son rang de place financière internationale...

――――――――――――――― *Clin d'œil* ―――――――――――――――

Les bus rouges de Londres n'ont jamais transporté autant de passagers

On pensait qu'ils n'avaient plus leur place ailleurs que dans les musées de l'automobile et des transports, on pensait que seules leurs pièces détachées pouvaient encore constituer un intérêt. C'est du moins l'image que nous avions, il y a encore quelques mois, des bus impériaux de Londres, les fameux bus rouges célèbres dans le monde entier.

On se trompait lourdement... Car les 6 500 bus rouges de la capitale britannique, entièrement modernisés, forment aujourd'hui l'une des flottes de cars les plus modernes d'Europe. Mus désormais par des piles combustibles, les bus impériaux ont même transporté en 2004 plus de passagers qu'ils ne l'avaient jamais fait jusqu'à présent...

Pour confronter la réalité aux clichés, voir page 17

Toujours frères-ennemis, les Anglais ?

LES AUTRICHIENS :
PLEINS D'ÉNERGIE ET PAS PLUS CHAUVINS QUE NOUS!

Que de délices à parler des Autrichiens tant ils baignent dans le mystère de l'histoire...

Bien souvent, lorsque l'on évoque les Autrichiens, on pense aux Viennois, alors qu'ils ne sont qu'une face du prisme de l'empire... En Autriche, il y a donc les Viennois, mais aussi les Tyroliens, ceux du Voralberg, du Salzburgerland, du Burgenland, de la Styrie, de la Carinthie, de l'Oberösterreich et du Niederösterreich!

Les Autrichiens furent naguère les habitants d'un vaste empire qui s'étendait de Trieste aux frontières de l'Ukraine, en englobant une partie des Balkans...

Tombés de haut

Mais le rêve s'écroula après le désastreux Traité de Versailles. Le pays allait alors se retrouver coincé entre le grand frère Allemand, le voisin Italien, les cousins Tchèques et Slovaques, le cadet Slovène et le cavalier Hongrois. Après avoir été puissance, l'Autriche redevenait petit pays...

Les Autrichiens, eux, tombaient de haut; de très haut même. Vivant à l'ombre de l'empereur durant des siècles, ils pensaient bien continuer à y vivre encore plus de siècles, et ainsi passerait le temps. C'est pourtant bien la ruine qui suivit le départ du dernier empereur. La ruine, mais aussi la République.

Un vrai choc! Comment comprendre les rudiments de la République quand on a été si puissant que même les Turcs ne parvinrent à maintenir le siège de Vienne? Et comment ne plus vivre aux rythmes rassurants de la valse, au luxe de la magnificence, au charme de la douceur de vivre...

Pas étonnant que Freud soit Autrichien...

Kafkaïen problème sûrement, et il n'est pas étonnant que Freud soit Autrichien. Il aurait fallu une psychanalyse, une médecine d'urgence pour ce peuple dont on changeait d'un coup de crayon le paysage politique, le train de vie et les frontières...

Plus rien ne serait comme avant; alors la peur, le désarroi, la crainte de l'inconnu, de la différence... et on plonge presque mécaniquement dans les bras d'un petit peintre de Linz appelé le führer. Les Autrichiens paieront longtemps ce plongeon, et il faudra attendre 1955 pour que l'Autriche retrouve sa pleine et entière indépendance! 1918-1955, soit 37 ans d'errance; c'est beaucoup et cela ne s'oublie pas comme ça...

Comprendre les Autrichiens, c'est donc d'abord prendre en compte ce raz de marée politique et sociologique qui leur fit perdre le Nord, ou plutôt le sens de l'Orient (car ils pourraient être les derniers Occidentaux avant les marches de l'Orient...).

Que connaît-on aujourd'hui de l'Autriche? Des stations de ski comme Kitzbuehel, cette fabuleuse Vienne propice au romantisme, un Danube qui n'est toujours pas bleu loin s'en faut, et un accent qui roule les airs et donne à la langue allemande de jolies couleurs italiennes...

Chauvins? Pas plus que nous...

Nationalistes, les Autrichiens le sont; silencieux aussi, comme les montagnes; traditionalistes par catholicisme, chauvins pas plus que nous, protectionnistes on s'en doute, à mesure que s'est rétréci le pays...

Nous leur connaissons SISSI ou ROMY SCHNEIDER, KARAJAN, MOZART, KLIMT, ARTHUR SCHNITZLER, STEFAN SWEIG, JOSEPH ROTH, ROBERT MUSIL, la famille STRAUSS, THOMAS BERNHARD, PETER HANDKE (que nous croisons souvent à Paris dans le RER), FRANZ SCHUBERT, INGEBORG BACHMANN, ANTON BRUCKNER, JOHANNES BRAHMS, GUSTAV MAHLER, FRANZ

LEHAR, les frères SCHRAMMEL, ARNOLD SCHÖNBERG, ALBAN BERG, ANTON WEBERN, EGON SCHIELE, OSKAR KOKOSCHKA, HELMUT BERGER qui fut LOUIS II et KLAUS MARIA BRANDAUER, talentueux comédien, entre autres...

Et pour en savoir plus sur les Autrichiens, il vous suffit de vous balader à Feldkirch où CONAN DOYLE fit ses études, de prendre un verre dans une «heuriger» au bord du Danube, d'aller au café Sacher sur le ring, de mettre votre smoking au festival MOZART de Salzbourg, de visiter Schönbrunn et de vous recueillir au pied de la statue de SISSI sur les bords du lac Léman à Genève...

Pleins de ressources et de mystères

Les Autrichiens sont comme leur pays, pleins de ressources et de mystères. Et si en France tout se termine par des chansons, en Autriche tout commence par un serment d'amour enivré, par une valse qui plonge l'existence dans le doute, comme quand on attend la neige pour se réveiller sur le divan du grand SIGMUND, dans une barge qui vous mène à Budapest... Entre eux et nous il y a aussi MARIE-ANTOINETTE, fille de MARIE-THÉRÈSE, la tache indélébile de notre histoire.

On retiendra encore des Autrichiens qu'ils ont un jour été dirigés par BRUNO KREISKI, homme de courage et de volonté, et que OTTO, le descendant des Habsbourg, sait porter haut les couleurs de l'Europe, ce qui nous fait dire qu'en Autriche, rien n'est jamais terminé... OTTO DE HABSBOURG qui, lorsqu'on lui demanda un jour s'il irait voir le match de football Autriche-Hongrie, répondit avec humour : «contre qui?»...

Une des «meilleures santés» de l'Union...

Un coup d'œil économique en conclusion, pour souligner que l'Autriche reste l'une des meilleures santés de l'Union européenne. Avec une inflation maîtrisée et un taux de chômage plus qu'honorable (7% des actifs), le pays poursuit les efforts qui lui ont permis de satisfaire aux critères de Maastricht et d'entrer dans l'Union économique et monétaire dès le 1er janvier 1999. La consolidation économique et budgétaire du pays est en bonne voie...

─────────────────────── *Focus* ───────────────────────

Les Autrichiens savent encore s'habiller!

Si en France, on a globalement perdu l'habitude de «s'endimancher», en Autriche, on sait encore s'habiller. À Vienne comme à Graz, Linz ou Salzbourg, on s'habille pour aller au restaurant, se rendre au théâtre, ou voir une exposition. Dans les salles de l'Albertina Museum (le Louvre viennois), au comptoir de l'hôtel Sacher, comme dans les nombreux cafés de la ville, on croise des hommes en «Alpensmoking» (le costume de ville préféré de nombreux Autrichiens, pantalon en loden gris ou marron, chaussettes blanches et longue veste légèrement cintrée). L'équivalent féminin, le Steirer Kostum (à peu de chose près la même chose, avec une jupe à la place du pantalon) est lui aussi très répandu. Et il n'est que de voir les robes de soirée qui ornent les vitrines des nombreux magasins de mode féminine pour se persuader que l'Austrian look a encore de beaux jours devant lui...

Pour confronter la réalité aux stéréotypes de départ, voir page 20

Toujours rétrogrades les Autrichiens?

LES BELGES :
JOYEUX, MAIS AUSSI TROUBLÉS ET DIVISÉS

«Après des siècles d'esclavage,
Le Belge sortant du tombeau
À reconquis par son courage
Son nom, ses droits et son drapeau.»

Ainsi commence l'hymne belge, la Brabançonne... Petit pays, grande nation pourrait-on dire de la Belgique en reprenant un propos politique! Espagnol, autrichien, français, puis néerlandais, voici le visage de la Belgique avant son indépendance. Il faut dire qu'elle terminait une occupation néerlandaise voulue par l'Angleterre lors du Congrès de Vienne, occupation calviniste... pour un pays fortement catholique.

Ce sont les «trois glorieuses», les 27, 28 et 29 juillet 1830, donnant à la France un nouveau monarque, LOUIS-PHILIPPE, qui ont inspiré les Belges en vue de leur liberté. Moins d'un mois plus tard, le 25 août, le Théâtre de la Monnaie de Bruxelles donne en représentation la «Muette» de PORTICI, une œuvre qui relate le soulèvement des Napolitains contre l'oppression. Le grand air de cet opéra («Amour sacré de la patrie, rends-nous l'audace et la fierté») est repris en chœur par le public, la révolte belge venait de naître... À l'Hôtel de ville, des bourgeois réunis forment une garde, reprennent les couleurs du Brabant (noir, jaune et rouge), pour donner à la future Belgique son drapeau.

Merci CHARLES-MAURICE!

La Sainte Alliance de l'Europe des souverains du Congrès de Vienne est égratignée. Cet événement provoquera la tenue à Londres, le 4 novembre 1830, d'une conférence réunissant l'Angleterre, l'Autriche, la Prusse, la France et la Russie. Le plus fin des diplomates, CHARLES-MAURICE DE TALLEYRAND-PÉRIGORD, représentant de la France, y préconisera la création de la Belgique indépendante, située entre la France et les Pays-Bas... merci CHARLES-MAURICE !

C'est encore à Londres que sera proclamée l'indépendance belge, le 20 janvier 1831. La Constitution du pays sera inaugurée le 7 février de la même année. Il fallait un monarque à la Belgique, ce sera LÉOPOLD DE SAXE COBOURG-GOTHA, prince Allemand, épousant en secondes noces LOUISE D'ORLÉANS, fille du roi des Français LOUIS-PHILIPPE. LÉOPOLD DE SAXE deviendra LÉOPOLD Ier, roi des Belges, le 21 juillet 1831.

Tintin et l'Union européenne

La Belgique est aujourd'hui célèbre grâce à TINTIN et, surtout, à l'Union européenne, dont elle est l'un des six membres fondateurs. Qui n'a jamais dit «Bruxelles a fait...», «Bruxelles a dit...», tant et si bien que tout récemment, sur un marché breton, un électeur s'étonnait auprès de son parlementaire local : «dites-moi monsieur le député, pourquoi ce sont toujours les Belges qui dirigent l'Europe?».

Sur le plan économique, si la Belgique ne dispose pas d'industrie à l'échelle internationale, elle s'est débrouillée pour être présente sur la scène mondiale en accueillant sur son territoire des organisations internationales comme l'OTAN et bien sûr, l'administration communautaire... La présence massive et permanente des eurodéputés, des diplomates et des hauts fonctionnaires de tous pays, étant devenue à elle seule une manne économique. Quant à la bande dessinée belge, elle est toujours à l'honneur et, même après Little Nemo, colore ce pays par sa communication...

Ces Belges qui font partie de notre quotidien...

Et les Belges eux-mêmes? Nous les connaissons bien... D'abord, par ces longues files de réfugiés qui, en 1914 puis 1939, sont venus trouver refuge en France, puis, par ceux qui ont apporté leur pierre à l'édification du monde. Sans oublier ADOLPHE SAX, le créateur du Saxophone, GEORGES SIMENON et MAIGRET, TOOTS THIELEMANS (merveilleux poète de l'harmonica), PIERRE BRUEGHEL (le magique), ANNIE CORDY (qui a toujours su donner aux cœurs tristes l'espérance du bonheur), RENÉ MAGRITTE (sa légendaire formule «ceci n'est pas une pipe» et son chapeau melon), PHILIPPE GELUCK et son chat, ou encore PAUL-HENRI SPAAK, un des pères fondateurs de l'Europe, créateur du marché commun...

Vous penserez à cet instant que nous en oublions un de Belge important. Mais non, le Grand Jacques est bien présent dans notre esprit... JACQUES BREL, le poète d'outre Quiévrain, peintre en chansons de ce plat pays où Bruxelles rêvait quand les Flamandes cherchaient à se marier, comme celle emportée par le vent de la mer du Nord... JACQUES BREL et son «rosa rosa rosam», qu'il nous a aussi offert en flamand...

Des cousins joyeux mais troublés...

Les Belges, nous les aimons comme des frères, des cousins; les Belges et leurs bières, le vol au vent et les chocolats... Les Belges et leurs autos rutilantes, leur tabac moins cher et leurs assiettes si grandes et si généreuses... Nous les aimons aussi parce qu'ils ont ce qui nous manque : la joie de vivre, le bonheur de se réunir et l'espoir que demain sera un jour meilleur...

Européens dans l'âme, ils sont joyeux, accueillants, durs en affaire, et bons vivants. Dépeints peut-être en gros traits en 1935 par JACQUES FEYDER dans la «Kermesse Héroïque» avec l'inoubliable FRANÇOISE ROSAY, ils en ont des expressions les Belges, avec leurs «allez», «ça va», ou «t'va»... Souvent noyés dans la grisaille et la pluie, ils sont aujourd'hui troublés par l'énigme des «Tueurs du Brabant» et choqués par «l'affaire Dutroux»... Les Belges ont provoqué la Marche Blanche, et l'Europe entière les a regardé en pensant que le malheur n'avait pas de frontières, ni de nationalité; ce jour là, nous étions Belges, comme nous étions Espagnols lors des attentats de Madrid...

Mis à l'honneur par Jules César

Mais revenons à des choses plus légères : comment pouvions-nous rédiger ce petit portrait sans parler des «histoires belges»... Elles nous font rire, un peu stupidement, mais jamais méchamment... D'ailleurs, si nous autres Gaulois raillons nos cousins, c'est peut-être à cause de Jules César qui proclame dans la «Guerre des Gaules» que «de tous les peuples de la Gaule, les Belges sont les plus courageux...».

Il leur reste désormais à devenir les plus unis! Les décennies de querelles entre Flamands et Wallons n'appartiennent en effet pas encore totalement au passé. Plusieurs évènements récents sont venus nous rappeler que le fossé entre les deux communautés existe toujours bel et bien. Il aurait même tendance à se creuser à nouveau depuis les années 2000... La Belgique va-t-elle se déchirer un peu plus l'année où elle fête ses 175 ans? s'interrogeait ainsi dernièrement la radio publique RTBF... Gageons que non.

Pour comparer la réalité aux clichés à la vie dure, voir page 22

Toujours ridicules les Belges?

LES CHYPRIOTES :
SÉPARÉS, ILS SOUFFRENT TOUJOURS D'INÉGALITÉS

Pas question ici de se perdre en vaines discussions pour savoir si les Chypriotes sont Grecs ou s'ils sont Turcs... En fait, Chypriotes grecs et turcs vivent côte à côte depuis des lustres et il reste simplement à espérer qu'ils puissent dorénavant vivre sans séparation (depuis la chute du mur de Berlin, Nicosie, la capitale chypriote, est en effet la dernière ville européenne coupée en deux)... Précisons simplement que les plus connus sont les Grecs puisqu'ils étaient là avant et qu'ils sont les plus nombreux (80 % de la population).

L'île a quelquefois fait parler d'elle dans l'histoire du monde : lorsque les membres de la famille LUSIGNAN, guerriers poitevins, s'établirent à Chypre et la structurèrent en royaume; lorsque FRANÇOIS IER fit venir de l'île des plans de vignes qui donnèrent notre bordeaux, ou encore lorsque RICHARD CŒUR DE LION commanda des dentelles chypriotes pour son mariage. Le voyage est aujourd'hui inverse et on ne compte plus les étudiants chypriotes venant parfaire leur cursus universitaire en France, de préférence à Lyon...

Occupations successives

Chypre est restée longtemps occupée par les Croisés et de nombreux bâtiments sont encore présents pour nous le rappeler. Des Templiers, il reste aussi une liqueur, la Commandaria, qui aurait été naguère bue par SAINT-LOUIS. Si cela est vrai, il ne devait pas dépasser deux gobelets... sinon, gare au soleil! Les monastères orthodoxes signalent la route des Chrétiens, dont SAINT-PAUL... Il faut dire que l'île est à vingt minutes d'avion de Jérusalem (même en bateau, ce n'était pas loin...).

Chypre a connu au fil des siècles plusieurs invasions successives : génoises, vénitiennes, grecques, mais aussi turques; et plus récemment, lors de l'expédition de Suez, c'est à Chypre que furent cantonnées les troupes anglo–françaises... Sous domination britannique jusqu'à son indépendance en 1959, l'île a vécu au rythme du tea time et des prises électriques inconnues chez nous (qui sévissent encore aujourd'hui)...

Commerçants par nature, banquiers par vocation

Les Chypriotes, même Grecs, ne sont pas tous d'origine hellénique. Issus pour certains du bassin méditerranéen, pour d'autres de Russie, les Chypriotes actuels ont connu une expansion moyen-orientale dans les années 1950. Commerçants par nature, banquiers par vocation et surtout hommes d'affaires, ils ont parcouru des milliers de kilomètres le long des «pipe line»... Certaines familles chypriotes ont même tenté l'aventure aux États-Unis d'Amérique avant la Première Guerre mondiale. Beaucoup sont retournées à Nicosie pour y appliquer les règles du business texan, mais à la méditerranéenne.

Chypre est donc un des lieux au monde où l'on supposerait trouver un grand nombre de millionnaires au kilomètre carré... ce n'est pas faux ! Et entre vrais Chypriotes grecs et pièces plus rapportées, les mariages ont scellé des unions qui bien souvent nous font penser que les Chypriotes sont tous cousins... ce n'est pas non plus une erreur... !

Reste le triste et dramatique épisode de la guerre avec la Turquie, une tache qui ne veut toujours pas disparaître... En 1974, les colonels grecs décidèrent d'un renversement du pouvoir à Chypre pour y établir une annexe de leur dictature. Au débarquement des troupes grecques, Ankara riposta avec ses parachutistes... Il s'en suivit un conflit inter-ethnique et l'île fut partagée en deux. Quant à Monseigneur MAKARIOS III, aujourd'hui considéré comme un martyre du coup d'État des colonels, il est resté depuis la figure politique emblématique de l'île.

Le porte-avions de l'Europe au Moyen-Orient

Le petit État chypriote-grec, nouveau membre de l'Union euro-péenne, est devenu le porte-avions de l'Europe au Moyen-Orient tant la proximité de ce dernier fait de l'île une avancée du dra-peau bleu aux douze étoiles d'or dans une zone du monde où la paix a du mal à s'installer. Sans compter que l'héritage britanni-que a laissé dans l'île deux bases militaires souveraines qui, on le suppose, reviendraient à la défense européenne en cas de néces-sité.

Cette position stratégique n'est pas l'unique atout de Chypre qui peut aussi s'appuyer sur une petite économie très active, essen-tiellement spécialisée dans les services : le tourisme (deux mil-lions et demi de visiteurs chaque année), la finance off shore, le courtage maritime (6ᵉ flotte mondiale et première source de revenu des Chypriotes)... Un dynamisme qui assure à la popula-tion locale un revenu confortable, supérieur à celui des Grecs ou des Portugais, et qui la met quasiment à l'abri du chômage, qui touche seulement 3 % des actifs.

Inégalités persistantes

Mais au sein de l'île, les inégalités subsistent et la partie chypriote turque demeure globalement plus pauvre que son homologue grec. Un écart qui se ressent fortement au niveau de la capitale, Nicosie, scindée en deux par une ligne de démarcation qui sépare le Nord, turc, du Sud, grec. La ville nouvelle et ses immeubles récents con-trastant singulièrement avec la vieille ville organisée autour des mosquées turques et des monuments témoins du passage de civili-sations conquérantes...

Des pastèques à la place des pavés

Un petit clin d'œil pour conclure : si vous faites un jour partie de l'un des 30000 Français qui vont chaque année visiter Chypre et que vous vous trouvez spectateur de l'une des manifestations contestataires qui agitent parfois l'île, ne soyez pas surpris... Chypre est probablement le seul endroit au monde où les manifestants ne lancent ni pavés, ni cailloux, ni boulons, mais de belles pastèques...

Pour confronter la réalité à la vision de départ, voir page 24

Un peu plus de consistance, les Chypriotes ?

LES DANOIS :
EUROPÉENS MÉFIANTS... ET MYSTÉRIEUX

Que savons nous des Danois et du Danemark, si ce n'est ce prince tenant un crâne dans sa main, appelé Hamlet, ou encore cette petite sirène attendant les navigateurs sur son rocher à Copenhague ? Rien d'autre ou si peu que le rouge nous monterait aux joues...

Allez, faisons un petit effort... Fermons les yeux un instant puis rouvrons-les sur les images de ces belles boîtes de biscuits ou de tabac décorées de thèmes anciens, ou sur ce plat pays entouré par la mer, qui marque l'entrée de la Baltique vers d'autres lieux où l'eau devient terre de glace, emprisonnant durant un long hiver les navires sur la route de Saint-Pétersbourg.

Or pour les Français, le Danemark c'est d'abord HENRI DE MONTPEZAT, ce gascon qui devint l'époux de la REINE MARGRETHE. Sans transition comme disent les journalistes télévisés, c'est aussi le pays de Lego (le cher HANS CHRISTIAN ANDERSEN n'est autre que le père de la petite sirène), jouet qui fit un tabac dès les années soixante-dix et dont le succès ne s'est jamais démenti en France même si les petits cubes emboîtables sont en perte de vitesse. Et, toujours sans transition, n'oublions pas que le Danemark est honorablement représenté dans le film «Le festin de Babeth»...

Et comme pour nous faire pardonner de cette méconnaissance, si nous oublions que les Vikings et leurs drakkars vinrent coloniser notre chère Normandie, nous tenons à préciser que la technologie et le design danois nous sont familiers... surtout quand on les confond avec les marques finlandaises (Nokia) ou suédoises (Ikéa). Rattrapage manqué !

À nous peut-être de partir à la découverte de ce peuple des eaux salées, aux visages marqués par la turbulence des vents polaires...

Le côté danois que nous aimons...

Les Danois, perçus en général comme froids et distants par les Français, doivent peut-être cette image au rigorisme de leur protestantisme qui serait plus influent qu'en Suède ou en Finlande (la quasi totalité des Danois sont luthériens). Mais dans le même temps, on ne peut leur ôter le courage d'un roi qui arbora l'étoile jaune durant l'occupation du pays par les troupes allemandes...

C'est le côté danois que nous aimons, celui qui se rapporte à ces navigateurs venus du fond des âges, ayant toujours eu à se battre contre les mers difficiles et sachant s'opposer avec force envers et contre tout. Cette force est même devenue le slogan publicitaire d'un chewing-gum à la mode (vous savez, le fameux «mâchez danois»!).

Car les Danois ont un vrai passé de conquérants. Rappelons-nous du reste que le Danemark comptait naguère la Norvège et l'Islande comme territoires. Il lui reste aujourd'hui une sorte de continent des glaces, le Groenland... si loin de l'Europe et dont l'activité ne sera jamais mise en avant. Certains pays possèdent des déserts de sable, pour le Danemark, c'est un désert de glace...

Une Grande-Bretagne du Nord...

Les Français qui «connaissent bien» le Danemark (comprenez ceux qui y ont passé une semaine de vacances), ont surtout arpenté Copenhague, la capitale, «fille des eaux» comme le dit une romance ancienne.

En arrivant à Copenhague par avion, c'est la découverte d'éoliennes en pleine mer qui surprend d'abord le regard, avant que celui-ci n'aille ensuite se poser sur les maisons ayant conservé l'empreinte des villes hanséatiques. À l'heure où la Hanse risque de renaître sous la forme d'une «union de l'Europe du Nord», il est du reste intéressant de noter que le Danemark, entré dans l'Union européenne en même temps que l'Irlande et le Royaume-Uni, est à sa manière une Grande-Bretagne du Nord, tant son opposition aux règles de l'Union le fait ressembler à la nation de Tony Blair...

Méfiants et mystérieux

Le Danemark n'est pas membre de la zone euro; il est aussi très sourcilleux quant à Schengen, dont l'espace sans frontières suscite de la méfiance pour ne pas dire plus. Et en dépit d'une présidence danoise qui fera date dans l'histoire de l'Union, le Danemark marque encore et toujours sa différence. La «distance» des Danois étant comparable à l'aptitude de ce pays à ne pas chanter dès que Bruxelles le désire...

De tous les Scandinaves, les Danois restent les plus mystérieux, nappés d'un voile de mélancolie s'apparentant à de la nostalgie. Comme tous ceux qui ont perdu successivement nombre de possessions (suivez notre regard), ils restent ces Européens qui pourraient s'enfermer dans le souvenir d'un passé glorieux, et surtout puissant.

Sérénité retrouvée

L'économie danoise elle-même semble hésiter à s'ouvrir et à exporter ses fleurons. Si les incontournables «légos», la fameuse porcelaine du Danemark, les meubles «made in Danemark» (sobres, solides, fonctionnels et élégants) et les écrans plasma de Bang et Olufsen, ont depuis longtemps franchi les frontières, ils n'ont pas vraiment suscité d'effet d'entraînement. En 2003 et 2004, le Danemark a même enregistré sa plus faible croissance des dix dernières années; une faiblesse due en partie au recul de ses exportations. «La faute à la conjoncture internationale» s'empresse toutefois de plaider l'Institut national danois de la Statistique...

Il est vrai qu'en interne, tout semble aller pour le mieux. L'inflation enregistrée en 2004 (1,2%) est la plus basse depuis... 46 ans! Et, après le grave conflit social de 1999, mouvement inattendu suivi par 500000 employés du secteur privé qui réclamaient une sixième semaine de congés payés, la «paix intérieure» paraît retrouvée...

Pour comparer la réalité aux stéréotypes, voir page 26

Un peu moins froids, les Danois?

© Eyrolles

LES ESPAGNOLS :
ACTIFS, ENTREPRENANTS ET RECHERCHÉS

Ah, les Espagnols...

Ils en ont fait du chemin depuis que les Français allaient passer leurs vacances sur la Costa Brava en se prenant pour des milliardaires. L'Espagne a pris des couleurs et on se demande si nos compatriotes s'en sont aperçus...

De l'Espagne franquiste, les Français gardent le souvenir d'un pays pauvre, une population assez arriérée et des prix qui faisaient rêver les moins fortunés d'entre nous... Il y avait FRANCO, il valait mieux se taire, mais qu'importe, le soleil et la plage pourvoyaient au bonheur fugace des vacances. Puis le dictateur s'en est allé, et le pays a entamé sa rapide ascension.

Cris d'orfraie...

À l'entrée de l'Espagne dans l'Union européenne, les Français ont poussé des cris d'orfraie; ces Espagnols-là allaient nous côtoyer dans notre marché commun, eux qui n'étaient capables que de cultiver des légumes et des agrumes destinés à garnir nos étals. Ces Espagnols-là allaient dorénavant traiter d'égal à égal avec nous, alors que nous aimions tant leurs petites servantes (toutes appelées Maria) et ces pauvres travailleurs immigrés venant faire les vendanges du Sud de la France...

Il est vrai que la guerre d'Espagne était passée par là....

De cette époque, on conservait en mémoire les réfugiés passant les Pyrénées, vêtus de haillons et croupissants dans des camps montés à la hâte par la troisième République, qui serviront plus tard aux sbires de PÉTAIN pour y enfermer les opposants de tous poils, Juifs compris. Les Républicains espagnols, pour beaucoup d'entre eux, avaient pris le chemin de Mathausen...

Une nouvelle Espagne avançant à pas sûrs...

Ces mêmes Espagnols rejoignaient donc en 1986 la Communauté européenne. Drame pour les économistes hexagonaux : leurs produits allaient à coup sûr concurrencer les nôtres, leur main d'œuvre allait casser les prix, ce serait l'invasion hispanique de la Gaule. Que nenni; ni envahisseurs, ni dumping, mais une nouvelle Espagne qui avançait à pas sûrs vers un avenir européen où le pays de Cervantes jouera un rôle majeur.

Que reste-t-il aujourd'hui de la vision des Espagnols par les Français?

Une sorte d'autisme qui refuse d'accepter la modernité ibérique bien que l'Espagne arrive à égalité avec la France (ou la dépasse) dans bien des secteurs.

Les Espagnols parlent plusieurs langues et rattrapent dans ce domaine un retard qui n'est toujours pas comblé par les Français. Ils font face au terrorisme, sont présents dans de nombreux secteurs économiques, et, ironie du sort, possèdent un groupe bancaire catalan qui rémunère les comptes, même en France.

Le maître serait-il donc en passe de devenir serviteur?

Un Européen actif, entreprenant, que l'on va chercher sur place...

L'Espagne du XXIe siècle, c'est son roi, Juan Carlos, courageux, actif, ancré dans le quotidien de son pays, et des premiers ministres qui ont su placer leur pays dans le concert des nations européennes.

Quand au citoyen espagnol, il n'est plus le pêcheur, le serveur, le liftier que l'on appelait Manuel par facilité, il est un Européen actif, entreprenant que l'on va chercher sur place afin de pourvoir au manque de personnel, comme les infirmières en France ou les eurocrates à Bruxelles...

Dans cette métamorphose, les femmes jouent un rôle essentiel. Parties à l'assaut des citadelles masculines, elles bougent les

Espagnoles, et secouent des siècles de soumission. En vingt ans, elle ont modifié la physionomie de la société. Elue député de Cadix, CARMEN ROMERO (femme de l'ancien premier ministre FELIPE GONZALEZ) a ouvert la voix à des dizaines de femmes exerçant aujourd'hui des mandats nationaux à Madrid ou européens au Parlement de Strasbourg. Et VICTORIA ABRIL, l'actrice égérie du cinéaste PEDRO ALMODOVAR, virevoltante, décidée et obstinée, est à elle seule l'image de l'Espagnole contemporaine...

Aujourd'hui, les châteaux en Espagne s'appellent Paradores et ils demandent huit mois de réservation; la marque nationale Seat est passée dans le giron de Volkswagen, on ne raille donc plus ces petites choses roulantes dessinées en Italie et construites en Espagne, au contraire, on se targue de posséder une auto qui n'a rien à envier à nos marques nationales.

Quand à la cuisine, la paëlla (prononcez paélia s'il vous plaît), n'est plus ce petit plat typique des modestes gargotes de Barcelone; on la trouve congelée et prête à la consommation dans nos rayons, voisinant avec nos préparations traditionnelles haut de gamme censées porter le sceau de nos plus grands chefs...

Bien des Français se demandent comment ces Espagnols fêtards peuvent rester actifs et efficaces aussi longtemps en dépit de leur rythme de vie «dissolu»... En fait, personne ne s'est vraiment intéressé à leur emploi du temps. Certaines mauvaises langues ou esprits mal tournés supposent même que les Espagnols «prennent quelque chose», expression en vogue côté bobos...

La corrida se porte bien, merci!

Et puis, qui sont ces Ibériques qui font tourner la tête, on dit qu'ils auraient des provinces et certaines d'entre elles parleraient un patois, pardon, une langue officielle. Que voulez-vous, nos compatriotes, ignorants de la culture et de l'histoire espagnoles, ont toujours confondu langues et patois, parlez-en aux Basques, Catalans, Valenciens et Galiciens.

C'est ainsi, les Espagnols et leur semaine sainte, attachés aux valeurs familiales et à la religion catholique, sont aussi les créateurs de la movida madrilène, des nuits catalanes et d'un mouvement d'art moderne...! Nous les croyons dilettantes, siesteux et peu respectueux des horaires, soyez un tantinet en retard à un rendez-vous avec un Espagnol et vous connaîtrez votre douleur...

Dorénavant, les Français qui se rendent en Espagne ne sont plus des étrangers dont on attend les largesses en tendant la main. Ils prennent la queue comme les autres, et constatent qu'ils auraient dû biffer leurs stéréotypes poussiéreux.

Car l'Espagne des années 2000, modernisée et galvanisée, est un grand d'Europe. Sa croissance annuelle fait pâlir d'envie. Son vin, ses porcins, ses oranges et ses voitures s'exportent, et son ambitieux plan hydraulique national, qui devrait être terminé en 2008, ajoutera encore à sa compétitivité. Quant à la corrida, elle se porte bien, merci, tradition oblige!...

Figure

«La Berganza» a eu le coup de foudre pour les Français

En février 2005, revenue en France le temps d'un récital au Théâtre des Champs-Elysées, TERESA BERGANZA avouait à un journaliste de l'hebdomadaire L'Express : «entre les Français et moi, ce fut le coup de foudre. J'avais 22 ans et j'étais une jeune inconnue venue de Madrid participer à l'un des festivals lyriques les plus prestigieux du monde». «La Berganza», «une des dernières icônes de la génération Callas» fait désormais l'unanimité.

Pour dépasser l'autisme français voir les stéréotypes de départ, page 28 Un peu plus modernes, les Espagnols?

© Eyrolles

LES ESTONIENS :
ILS ONT FAIT LE «SAUT DU TIGRE»

À quelques quarante-cinq minutes de bateau d'Helsinki, vous voici à Tallinn, capitale de l'Estonie. La petite cousine de la Finlande est comme elle non indo-européenne; et son épopée glorieuse, réunie en un ouvrage appelé le «Kavélog», est semblable au «Kalévala» finlandais...

Le goût de la liberté et du grand large

Tallinn, ville de la Hanse, a retrouvé comme ses voisines baltes, le goût de la liberté et du grand large... Tallinn qui signifie «ville des Danois»; Tallinn et ses maisons du Moyen-Age et de l'époque hanséatique qui a permis un vrai essor économique de la ville. Tallinn qui expose fièrement ses bâtiments art-déco, datant de la première indépendance de 1918 à 1940. Tallinn et son port, le plus grand de cette région baltique; si proche du port d'Helsinki que les échanges sont nombreux et que des centaines d'Estoniens vont chaque matin travailler à Helsinki... idem pour les Finlandais en sens inverse...

Le «Saut du Tigre», miracle de la souris et du clavier

L'énorme retard provoqué par quarante années de dictature n'a pas été rattrapé strate par strate, mais d'un bond, celui de l'informatisation éclair de tout le pays. Le miracle économique de la souris et du clavier en quelque sorte. D'un seul coup de rame, la haute technologie Suomi fut mise au service de tous les Estoniens...

Internet là-bas devrait s'appeler Estonet, tant le pays est un maillage des nouvelles technologies de l'information, accompagnées d'initiatives publiques ou privées, son nom de code étant «Saut du Tigre»... Tout un programme.

Imaginez qu'aujourd'hui, payer son ticket de bus, sa place de parking ou ses courses au supermarché se fait uniquement à l'aide du téléphone portable... Chez le fleuriste par exemple, après avoir fait votre choix de bouquet et une fois les fleurs préparées, il vous suffit, après vous être acquitté de votre abonnement, d'envoyer depuis votre téléphone portable un SMS à votre banque, cette dernière accusant réception auprès du fleuriste, et voilà votre paiement instantanément effectué...

Des centaines de points d'accès sont connectés à internet à travers tout le pays et tous les Estoniens correspondent à la seconde... Quand se réunit le conseil des ministres, ceux-ci viennent uniquement munis de leur ordinateur portable; fini les dossiers de quatorze kilos (au minimum) portés péniblement sous le bras par les ministres français!

L'estonet, mode de vie des jeunes Estoniens

L'estonet, c'est aussi le mode de vie de la jeunesse estonienne; un mode de vie adopté dès l'école (elles sont toutes reliées au net). Les jeunes Estoniens entreprennent et le pays entier leur fait confiance, leur octroyant même les rênes du pouvoir dans des tas de domaines.

À commencer par la politique. Imaginez des ministres qui ont entre vingt-neuf et trente-six ans; c'est possible, c'est en Estonie!

Et ce n'est pas tout, le Parlement estonien a même garanti l'accès à internet comme un droit constitutionnel. Tout ou presque se trouve sur le web, y compris les grandes décisions d'État et, récemment, le vote électronique y a fait une entrée appréciée par les Estoniens. Résultat visible s'il en est de la politique du «zéro papier» adopté par le Gouvernement depuis plus de cinq ans.

Le patrimoine pas oublié pour autant

La nouvelle patrie de l'internet n'a pas pour autant oublié son patrimoine... Ce pays de forêts est traversé par plus de sept-mille rivières et cours d'eau peuplés de castors; dans les feuillus, se protègent chevreuils, sangliers et loups; sur la côte, les phoques annelés ou gris repoussent les intrus par leurs jappements, tandis que s'envolent cigognes noires et grand tétras...

Se perdre dans une forêt estonienne, c'est vivre entre pins et aulnes, épicéas et bouleaux, tilleuls et sorbiers; un mariage entre la nature et la poésie qui mène droit à la tradition nordique du Sauna, mais avant les vapeurs, on sera prié de laisser son ordinateur portable à l'entrée...

L'Estonien est réservé mais il aime faire la fête; sa cuisine est à base de soupes et de poissons, de harengs et de saumons, le plus souvent accompagnés de pommes de terre et de choux, et du fameux pain noir estonien.

Les Estoniens ont appris à se taire

Les Estoniens ont aujourd'hui retrouvé leur dignité perdue durant l'ère soviétique. Et s'ils font preuve d'une humilité qui pourrait passer pour de la timidité, c'est qu'ils sont au contraire comme les Finlandais : sages, organisés, fiers dans leur cœur, mais ayant appris à se taire...

Ils sont particulièrement pro-européens et voient en l'Europe, non pas la fin de tous leurs maux, mais la force qui leur donnera un avenir d'airain... Campagnards amoureux des lacs et forêts, artistes et poètes, ils sont certes encore un peu perdus lorsqu'ils arrivent dans cette Europe dite de l'Ouest et qui serait pour eux celle du Sud... Mais ils profitent largement de leurs longues nuits d'été, le célèbre soleil de minuit, pour se préparer à lier connaissance avec leur nouvelle famille. Et nul doute qu'avec internet, ils sont déjà en train de nous étudier sous toutes nos us et coutumes. Nous n'aurons bientôt plus de secrets pour eux, c'est certain. L'inverse, en revanche...

Pour comparer la réalité aux stéréotypes de départ, voir page 30

Un peu plus de consistance, les Estoniens?

Les Finlandais :
tenaces, discrets et ultra-compétitifs

Quand on évoque la Finlande avec eux, les Français ont d'abord pour habitude de se tromper de capitale, ils disent Helsainski alors qu'il s'agit d'Helsinki.

Ce grand pays du Nord est souvent considéré comme scandinave alors que nos amis Finlandais, étant indo-européens (comme les Hongrois, Basques et Estoniens), n'ont rien de commun avec les Suédois, Norvégiens et Danois, même s'ils font partis de l'union nordique.

La Finlande compte cinq millions d'habitants pour une superficie de 338 150 km^2 et il n'est pas rare dans les campagnes de compter son plus proche voisin à quelques kilomètres...

À l'image de leur pays et de leur histoire

Les Finlandais, et non pas Finnois (le finnois, c'est la langue), sont à l'image de leur pays et de leur histoire. Dominés par la Suède jusqu'à la fin du XVIIIe siècle, ils subirent l'occupation russe tout au long du XIXe. Et ce n'est qu'en 1917 que la Finlande devint une République grâce à la volonté de l'un des plus grands hommes d'État de ce pays, voir d'Europe, CARL GUSTAV MANNERHEIM.

Elle dut alors se battre sur tous les plans, construire son économie, structurer le pays, l'administration et, comble de malheur, répondre par deux fois aux attaques de l'Armée rouge lors de la guerre d'hiver et de la guerre de continuation (d'où peut-être le sens du courage que les Français reconnaissent aux Finlandais). Comble de malheur aussi car, lors de la deuxième guerre contre STALINE, la petite Finlande s'est retrouvée par le hasard de l'histoire du côté des puissances de l'axe.

La fin de la Seconde Guerre mondiale en Finlande fut une épreuve supplémentaire pour cette République naissante. Elle dut récupérer les enfants Finlandais réfugiés en Suède, payer des dettes de guerre à l'URSS et régler en même temps la facture du plan Marshall, le tout en héritant d'un pays dévasté par les bombardements nazis au départ des troupes allemandes rejoignant la Norvège par le Nord...

Et la Finlande survécut ainsi, tant bien que mal, jusqu'à son entrée dans l'Union européenne en 1995.

Des gens tenaces, calmes et discrets

Les Finlandais sont des gens tenaces, calmes par habitude, respectueux comme tout protestant, discrets par obligation et chaleureux de nature... Un savant cocktail qui, au premier abord, met quelque peu mal à l'aise. Et il est vrai qu'il faut en franchir des barrières pour accéder à l'âme finlandaise, mais ce n'est peut-être pas plus mal...

La formule magique est de s'intéresser tant à leur histoire qu'à leurs coutumes et traditions... La pierre angulaire de ce peuple est le Kalevala, compilation de contes et légendes caréliennes chantées. On l'appelle l'épopée finlandaise puisqu'elle regroupe une certaine histoire des Finlandais lors de temps ancestraux...

Le Kalevala, le Sampo et... le Sauna!

Le Kalevala n'est pas seulement une borne sur la route des Finlandais, il est présent dans leur quotidien, entre autre le célèbre Sampo, trésor composé d'or à jamais disparu, qui revit régulièrement comme nom de bateau, d'entreprise ou marque de produits manufacturés.

Dans la formule magique, ne pas oublier les figures finlandaises comme SIBÉLIUS, le compositeur, ALVAR AALTO, l'architecte et designer, KAURISMAKI, le cinéaste fou et génial, ou HAKKINEN et VATANEN, deux des nombreux coureurs automobiles finlandais...

Et puis, si d'aventure vous comprenez que l'emploi du temps ne peut se prévoir sans un passage conseillé par le Sauna, là, et seulement là, vous aurez gagné... Car tout se traite au Sauna : les confidences, les rendez-vous d'affaire, les nütti–repas organisés entre amis, et surtout le bonheur de pouvoir arrêter le temps et d'assainir son corps.

Alors s'ouvriront à vous les portes des foyers, et vous apprécierez enfin la table finlandaise avec ses Janssonin kiusaus (pommes de terre aux anchois), siika (lavaret), nieriä (omble chevalier), kalakukko (chausson de riz et de viande), laakka (baies polaires dorées), Marskin Ruuppu (alcool créé par Mannerheim), et la fameuse lapin kulta, la bière nationale...

La force de l'imagination et de la créativité

Hormis la glace à briser, la Finlande est aussi un petit pays qui, à force de vivre avec deux grands voisins (la Suède et la Russie) et de fortes intempéries, s'est développée à la force de l'imagination et d'un grand sens de la créativité.

Imagination et créativité sont pour ainsi dire une religion d'État tant les Finlandais sont toujours en avance d'un concept... Pour cela, ne vous dirigez pas seulement vers leur haute technologie qui très souvent nous rend très humble (pour une fois), mais levez un peu le nez dans Helsinki... Si vos pas vous portent sur Esplanadii, cette avenue qui mène au port, vous passerez immanquablement devant le magasin ittalaa, haut lieu de l'art soufflé finlandais. Les courbes et les galbes du verre, aux couleurs nordiques, ne pourront vous laisser insensible à cette poétique création. Et vous repartirez avec un surplus de bagages, bien enveloppés!

Un «côté pratique» déclinable

Dans un tout autre domaine, si nous trouvons les Finlandais avancés socialement, c'est sûrement grâce à leur système éducatif, un des plus innovants au monde : on n'y parle pas d'échec scolaire puisque tout est mis en place afin que cela n'arrive pas!

Quant à l'industrie finlandaise, elle ne nous est pas inconnue... Nokia et Koné sont les deux grandes entreprises nationales mondialement renommées, et leurs résultats internationaux feraient pâlir d'envie bien des chefs d'entreprise européens.

Dans l'éducation comme dans l'industrie, le côté pratique des Finlandais ressort nettement. Il est avant tout un réflexe face à ce long hiver où les déplacements deviennent difficiles. Et il a contribué à développer une ingéniosité qui, depuis quelques décennies, est une marque de qualité au service du plus grand nombre.

Le pays le plus compétitif du monde en 2003!

Ce n'est pas tout...

Selon le World Economic Forum (WEF) et l'International Institute for Management Development (IMD), la Finlande était en 2003 le pays le plus compétitif au monde.

Et si on l'appelle «le meilleur élève de l'Union européenne», ce n'est pas pour rien... La Finlande est en effet toujours la première à transcrire les lois et règlements européens, la première à respecter les décisions de Bruxelles, et la première à avoir force de proposition.

Les Finlandais sont nos grands frères du Nord, ils pourraient être appelés les méridionaux du pôle car leur sens de la fête, de l'amitié et de la fidélité sont légendaires au Sud du cercle polaire. Maintenant, si d'aucun les confondent encore avec les Lapons, il y a bien des Lapons en Finlande, on les appelle les Saami, tout comme en Norvège, Suède et Russie...

Et si nous nous contentions simplement de désigner le peuple finlandais comme «le petit peuple courageux...»?

Pour comparer la réalité aux préjugés, voir page 32

Toujours aussi rugueux, les Finlandais?

© Eyrolles

LES GRECS :
UNE TENDANCE À VIVRE SUR LEUR PASSÉ...

Avant les Latins, les Gaulois, les Celtes, les Slaves, les Germains et autres Alamans, il y avait les Grecs ! Nous sommes tous Grecs, et venons tous de Grèce, dans l'absolu... L'histoire de la Grèce, c'est l'histoire de l'Europe ; du reste Europa n'était-elle pas cette jeune femme séduite par ZEUS qui l'emmena en Crète, excusez du peu ?

Et puis nous parlons grec, bien souvent sans nous en douter, tant notre vocabulaire en est pétri. On pourrait même ajouter que grâce à PLATON, ARISTOTE, PYTHAGORE, SOCRATE ET HÉRACLITE, nous pensons grec... Comme en plus, quelquefois, nous mangeons grec...

Les plus fiers des Européens

De tous les peuples européens, les plus fiers sont à coup sûr les Grecs, et ils le méritent bien ! Les Grecs sont grecs, la Grèce est grecque, les Grecs sont orthodoxes et la Grèce est orthodoxe. Qui aura compris cette courte définition, aura compris qui sont les Grecs et ce qu'est la Grèce...

C'est tout d'abord le pays où les popes ne sont pas seulement des religieux, ils sont avant tout les garants de l'identité hellénique. Durant l'occupation ottomane, ce furent en effet les popes qui assurèrent aux Grecs l'enseignement de la langue et de la culture, et, même si la Grèce renferme des traces ottomanes, l'identité fut ainsi préservée.

Les Grecs sont courageux, ils l'ont prouvé tant durant la guerre d'indépendance au XIXᵉ siècle que lors du deuxième conflit mondial. Les armées de MUSSOLINI en ont fait les frais... La résistance grecque fut acharnée, et l'occupant nazi eut bien du mal à venir à bout des guerriers Grecs, en particulier Crétois, qui furent parmi les plus valeureux.

Des grands personnages qui ont forgé le pays

Plusieurs grands hommes (et femmes) grecs ont forgé la nation. D'abord IOANNIS KAPODISTRIA : l'homme du Congrès de Vienne est le père de la Grèce moderne ; vient ensuite une figure emblématique du siècle précédent : ELEUTHÉRIOS VÉNIZELOS, plusieurs fois premier ministre et fondateur de la Grèce du XXe siècle... Puis deux familles qui auront marqué la politique de la fin du deuxième millénaire : les CARAMANLIS et les PAPANDRÉOU.

Mais la plus connue des Français demeure sans conteste MÉLINA MERCOURI. Héritière de la Bouboulina, figure incontournable de la guerre d'indépendance, MÉLINA, petite fille d'un maire d'Athènes, a incarné la résistance à la dictature des colonels, comme MIKIS THÉODORAKIS. Si MÉLINA devint plus tard ministre de la culture, ce ne fut une surprise pour personne, surtout pas pour les Grecs.

D'autres personnages...

Des auteurs grecs, fort nombreux, on mettra de préférence en lumière le père de Zorba le Grec : le Crétois NIKOS KATZANTZAKIS, qui a parfaitement su dépeindre la société grecque et crétoise...

La Grèce ne serait pas non plus tout à fait la Grèce sans les aventures de ses armateurs, ARISTOTE ONASSIS et STAVROS NIARCHOS en tête, qui épousèrent les sœurs LIVANOS ; ils rendirent cependant un autre écho de leur pays dans les années 1950 et firent couler beaucoup d'encre pour la plus grande joie de la presse internationale qu'on n'appelait pas encore « people »...

Entre tradition et modernité

Dans ce pays béni des Dieux, l'hospitalité légendaire des autochtones est toujours au rendez-vous. N'hésitez pas, au détour d'une ruelle d'Athènes, d'Héraklion ou de Théssalonique, à vous « attabler » à même le pavé pour commander un ouzo et un poulpe grillé. Votre « voisin de table » ne tardera pas à engager la conversation, couvrant par la-même les musiques helléniques qui battent aux rythmes des mélopées déversées par les musiciens de bouzoukis ou de rebetiko. Tels des troubadours venus du fond des âges, ils jouent pour le plaisir, donc pour la Grèce.

Musiques venues des montagnes ou d'Istanbul, elles côtoient cette Grèce moderne qui a su prendre le train de l'Europe en adaptant son vaste territoire aux besoins du progrès, et donner à Athènes les couleurs du futur, sans jamais dénaturer le patrimoine du berceau européen.

Une seule visite du métro d'Athènes permet d'ailleurs de prendre la mesure de l'harmonieux et subtil mélange... Cette ville grouillante regroupe la moitié de la population grecque ; il lui fallait bien un métro à la hauteur de ses ambitions. La première ligne fut créée en 1925, elle s'étendait sur 25 kilomètres. Après un premier coup de pioche en 1992, le nouveau métropolitain athénien a été inauguré en 2000 et 2001 avec trois lignes qui vous mènent désormais de l'aéroport Vénizellos au port du Pirée (où vous n'avez plus qu'à sauter dans un bateau en partance pour les îles). À chaque excavation ou presque, on a trouvé des objets archéologiques... 30 000 au total, dont certains furent copiés et exposés, transformant les stations en véritables musées !

C'est ainsi qu'une des villes les plus polluées d'Europe retrouva le ciel bleu qui fait son identité... Les Jeux Olympiques ont fait le reste. Quant aux secteurs piétonniers, ils sont en constant développement grâce à la volonté de DORA BAKOYANNIS, madame le Maire d'Athènes, la propre fille de MITSOTAKIS, autre opposant à la dictature de colonels...

Grèce à deux vitesses

Mais Athènes n'est pas la Grèce. Le reste du pays semble être resté à l'écart du chemin de la modernité emprunté par la capitale. La marine marchande demeure, avec le tourisme, la principale ressource du pays. Et la Grèce à deux vitesses peut dire merci aux subsides de Bruxelles qui représentent plus de 2 000 euros par an et par foyer...

Une image et un conseil à garder en mémoire pour clore ce petit portrait : l'image, c'est celle des icônes baignées par les effluves d'encens, dont les empreintes spirituelles et artistiques sont partout présentes, dans les églises comme dans les cabinets ministériels. Le conseil est de méditer ce poème de KATZANTZAKIS : j'ai vu l'amandier et j'ai dit «parle-moi de Dieu!», c'est alors que l'amandier se mit à fleurir... Comprendre ce qu'a voulu transmettre le poète vous permettra peut-être de passer de l'autre côté du miroir grec...

Tradition

Quand les Grecs fêtent Pâques…

Pâques est certainement la fête religieuse la plus importante pour les Grecs. Les maisons des villages sont décorées, les ménagères préparent des «koulourakia paschalina» (biscuits traditionnels), des «tsourekias» (pains sucrés), tandis que les enfants décorent les indispensables œufs colorés en rouge. Le samedi soir, à minuit pile, les cloches de toutes les églises retentissent simultanément. Les Grecs s'y rendent alors en cortège, un cierge à la main, pour commémorer la résurrection du Christ. Puis on se met à table pour déguster la «mageiritsa», la soupe de Pâques. Le jour de Pâques, ce sont les agneaux et les «kokoretsi» qui sont cuits à la broche et fournissent l'essentiel du repas, avant de laisser la place aux chants et aux danses qui se répondent en écho de villages en villages…

Pour confronter la réalité aux stéréotypes de départ, voir page 34

Toujours aussi roublards, les Grecs?

© Eyrolles

LES HONGROIS :

ILS ABORDENT LE FUTUR EN TOUTE CONFIANCE...

Chère Hongrie, et bienheureux Hongrois au sourire constant dans lequel on entrevoit l'âme d'un pays qui, le long des siècles, a parcouru la Pusta, la grande plaine, aux sons des violons tziganes...

D'où viennent les Hongrois, peuple non européen? Des Mongols sûrement, avec des influences turques et autrichiennes...

La Hongrie existe depuis 896, date à laquelle sept tribus magyares sont venues de l'Oural et de la Volga, avec Arpad à leur tête, pour s'établir dans le bassin du Danube. Dans ce nouveau petit royaume installé à l'ombre des Carpates, la langue parlée n'était ni slave ni germanique, mais finno-ougrienne : le magyar.

Les invasions et la construction du pays furent centrées sur la naissance de trois villes, détruites et reconstruites : Buda, Pest, et Obuda, qui, plus tard, deviendront Budapest, la magnifique...

Toujours au rendez-vous du progrès

Les Hongrois ont toujours été au rendez-vous du progrès, à l'image du remarquable développement économique qu'ils connurent en plein XIXe siècle... Pour un pays si éloigné des centres de décisions, la performance était notable!

Les Hongrois vécurent ensuite l'effondrement de l'empire austro-hongrois, avant de devoir vivre aux côtés des Turcs, qui laissèrent en héritage les fameux bains de Budapest, entre autres nombreuses traces ottomanes demeurées visibles dans toute la Hongrie.

Vaste pays, réduit après la guerre de 1914-1918 à la suite de la perte des deux tiers de son territoire et de sa population, la Hongrie dut de surcroît subir la dictature de l'amiral HORTY durant la Seconde Guerre mondiale, puis une autre dictature, celle des sbires de STALINE tels que RAKOSI.

Un monde plein de larmes pour Budapest en révolte

En 1956, le monde est plein de larmes pour Budapest en révolte. La figure de la liberté s'appelle alors IMRE NAGY. Mais le prix de la liberté sera élevé : 3 000 personnes périront, 200 000 autres devront s'exiler... Quant à IMRE NAGY et ceux qui suivirent ses pas, ils furent tous exécutés quelques mois plus tard.

1989 marque la fuite de nombreux Allemands de l'Est en Autriche, certains traversant la Hongrie, d'autres se réfugiant dans l'ambassade d'Allemagne de l'Ouest à Budapest; le vent de la liberté se levait... Au même moment, les Hongrois réservaient des funérailles officielles à leur martyr, IMRE NAGY. Quelques jours plus tard naissait la IVe République de Hongrie, la vraie; et le dernier soldat russe quittait la Hongrie en juin 1991. De tous les pays de l'ancien bloc communiste, la Hongrie était ainsi le premier à lever le rideau de fer qui la coupait de l'Europe de l'Ouest...

Conjuguer stabilité et croissance

Depuis, stabilité et croissance se conjuguent à de réels progrès dans la réforme des banques et la reconstruction des entreprises. Le chômage décroît mois après mois et l'inflation, bien que toujours très élevée, ne pèse plus dans les proportions qu'elle connaissait encore il y a quelques années (15 % en 1998-1999). Devenu plus attractif, le pays attire enfin des investisseurs étrangers...

Ce sont les Hongrois qui ont inventé le Rubik's Cub et le stylo bille

Parmi les Hongrois célèbres, nous connaissons d'abord le premier d'entre eux, le génial FRANZ LISZT; puis ERNÖ RUBIK, l'inventeur du Rubik's Cub, un jeu casse-tête vendu par millions d'unités à partir de 1974 et ressemblant à l'état de la Hongrie d'alors... Puis les inventeurs du stylo-bille, JOSEPH et GEORGES LASZLO, qui déposèrent leur brevet le 29 octobre 1938 à Paris. Sans oublier IMRE KERTESZ, prix Nobel de littérature 2002, le célèbre peintre VICTOR VASARELY et le fabuleux compositeur et pianiste BELA BARTOK...

Intimes et pudiques

Les Hongrois aiment leurs cafés; lieux sans terrasses, ils sont à l'image des gens, intimes, effacés et pudiques... Les rencontres se font souvent l'après-midi, autour de pâtisseries hongroises. Pâtisseries à la crème, aux noix ou au pavot, que les habitants de Budapest accompagnent d'un café noir, comme à Vienne et à Bratislava; un réflexe probablement hérité des temps anciens où les trois villes étaient liées au sein de l'empire austro-hongrois par une proximité culturelle forte.

Les Hongrois apprécient aussi les «kerte», jardins fermés abritant un café ou un restaurant, sorte de «heuriger» autrichienne ou de «biergarten» allemande; endroits intimes et cachés (une fois de plus) où l'on aime à s'arrêter pour apprécier les musiques classiques ou tziganes autour d'une bière hongroise.

Quand ils ne sont pas «en ville», les Hongrois se réunissent en famille et partagent l'incontournable soupe; soupe aux fruits en été, pour l'hiver ce sera du goulasch... Les plats de viande (accommodés de légumes ou de pâtes) sont aussi de la partie. Les Hongrois apprécient également le vin, d'abord leur fameux Tokay, bien qu'en apéritif, il préfèrent souvent la Palinka, une eau de vie (si, si, elle est vraiment consommée en apéritif).

Joyeux, entreprenants, mélancoliques et très accueillants, ils abordent le futur en toute confiance... une confiance à la hongroise, donc joviale...

Pour comparer réalité et clichés, voir page 36

Toujours aussi lymphatiques, les Hongrois?

LES IRLANDAIS :
FIERS, COURAGEUX ET ENTREPRENANTS

Irlande, nouvelle Eire d'ULYSSE...

De la petite République d'Irlande, nous sommes naturellement proches... peut-être à cause de son opposition au Royaume-Uni. Mais pas seulement. Très tôt, les Irlandais ont été des familiers de la France puisque le Collège des Irlandais de Paris fut fondé dès 1538. Et nous, nous aimons les Irlandais ; on les imagine roux, buveurs de bière brune, vivant dans de vertes vallées... l'Irlande ne serait-elle donc pour nous qu'une histoire de couleurs ? Celles du drapeau irlandais par exemple, qui existe depuis 1848, dont le vert représente les catholiques, le blanc l'union avec les protestants... eux-mêmes désignés par la couleur orange.

Un passé pas toujours rose...

Christianisée au Ve siècle par SAINT-PATRICK, l'Irlande était alors une terre gaélique dont le tumulus et les cercles de pierre en sont des vestiges encore bien présents. Si le trèfle (Shamrock) est avec la harpe le symbole de cette île, on le doit peut-être à SAINT-PATRICK qui le définissait comme le symbole de la Sainte Trinité : trois feuilles nées d'une même tige.

Le passé de l'Irlande n'est, quant à lui, pas très haut en couleurs ; le trop proche voisin britannique ne lui a pas facilité la vie, et naître en Irlande signifiait bien souvent être un candidat à l'émigration vers les États-Unis. La religion ne fut pas en reste, car jusque dans les années 1950, son pouvoir était tel qu'il prenait plus la forme d'une théocratie tyrannique qu'autre chose, et le Vatican fit aussi du bien à l'Irlande...

Courageux et fiers

Peuple courageux et fier, les Irlandais ont beaucoup souffert de la pauvreté. Chair à canon des armées de la couronne britannique, ils étaient pour la plupart des paysans nourris à la pomme de terre, quelquefois au poisson de la mer d'Irlande, mais, rarement à la viande.

L'Amérique, d'abord, leur a appris le sens du mot démocratie, puis l'expérience des nations européennes a fait le reste. Il leur fallait quitter le giron anglais pour voguer de leurs propres ailes... Le premier parti national irlandais fut le Sinn Féin qui, en 1919, proclama l'indépendance de la République d'Irlande dont le premier président fut MICHAEL COLLINS. L'armée irlandaise prenait alors le nom désormais célèbre de IRA, Irish Republican Army. Et après COLLINS, les grands hommes politiques irlandais furent EAMON DE VALERA et ARTHUR GRIFFITH.

La paix entre la Grande-Bretagne et l'Irlande est proclamée le 6 décembre 1921 par le Traité de Londres qui partage l'Irlande en deux parties distinctes. Sur les 32 comtés irlandais, 26 deviennent libres, les six autres devenant l'Ulster ou Irlande du Nord, membre du Royaume-Uni et à majorité protestante. Ce traité sera ratifié en 1922.

Une nouvelle constitution voit le jour en 1937, l'Irlande devient l'Eire et c'est en 1948 que l'Eire devient la République d'Irlande, rompant alors toute attache avec le Commonwealth. Quelques temps auparavant, durant la Seconde Guerre mondiale, elle avait su garder une précieuse neutralité qui eut cependant le don de mettre Londres dans le plus grand embarras lorsque les navires de la Kriegsmarine demandèrent l'autorisation d'accoster sur les côtes irlandaises... refus poli de Dublin, fin du scénario.

La «sillicon valley» de l'Union européenne

C'est l'Europe qui va sauver l'Irlande au cours du premier élargissement de 1973. La manne communautaire aide alors le pays à sortir de siècles de pauvreté et de quasi ignorance, et les Irlandais commencent à relever la tête. L'essai est transformé au cours des années suivantes. Soucieuse de s'émanciper définitivement de la tutelle de sa grande voisine, l'Irlande devient peu à peu l'un des membres les plus enthousiastes de la CEE, en même temps qu'elle s'impose comme l'un de ses meilleurs élèves...

Aujourd'hui, l'Irlande est la «sillicon valley» de l'Union, le pôle européen de la haute technologie. Et son marché, ouvert à l'investissement, compte de nombreuses sociétés européennes. Le «tigre celtique» est passé en quelques années de l'état de «moribond» de l'Europe, à celui de champion toute catégorie de l'OCDE. Une métamorphose exemplaire qui s'appuie sur une forte croissance annuelle en matière de création d'emplois, des échanges commerciaux dynamiques et un enrichissement général incontestable. Seules les infrastructures n'ont pas suivi le mouvement et le pays continue d'accuser un certain retard dans ce domaine...

JAMES JOYCE, SAMUEL BECKETT, OSCAR WILDE et WILLIAM BUTLER YEATS

Entreprenante et dynamique, l'Irlande l'est aussi dans le domaine de la culture contemporaine avec des groupes musicaux comme THE CORRS et U2, dont les albums sont connus dans le monde entier. Et hormis la sacro sainte Guinness, une vraie institution, l'Irlande nous a offert JAMES JOYCE, SAMUEL BECKETT, OSCAR WILDE et WILLIAM BUTLER YEATS. C'est grâce à leur plume que la littérature et la poésie irlandaises sont entrées dans nos foyers et dans nos cœurs... Mais nous aimons aussi retrouver les irlandais un ballon ovale dans les mains. Quant aux rousses irlandaises aux yeux verts, elles continueront encore certainement longtemps à faire tourner bien des têtes...

Ce que nous apprécions le plus chez nos voisins Irlandais est certainement leur franchise, leur convivialité et cette tendance à s'opposer avant de penser, histoire d'occuper déjà le terrain. Et puis, prendre un verre de poteen avant de se mettre à table n'a jamais fait de mal à aucun Irlandais, surtout quand il y a du Black Pudding au menu (ce n'est pas un gâteau mais du boudin avec de l'orge), et de l'irish stew, un bon ragoût de mouton aux pommes de terre...

Alors, comme on dit dans la verte Eirin, mot cher aux cruciverbistes, Céad Míle Fáilte, mille fois bienvenue!...

Pour comparer la réalité aux préjugés, voir page 38

Toujours aussi soiffards et puritains les Irlandais?

LES ITALIENS : DOUÉS POUR LA VIE, ACTIFS ET NOVATEURS

Dieu que les Français aiment les Italiens !

Ils sont pour nous le symbole de l'amour, de l'élégance, et de la bonne humeur.

Comment se fâcher avec un Italien ? Voilà un problème pataphysicien à la BORIS VIAN ou à la BOBBY LAPOINTE !

Pour nous, les habitants de la botte sont entreprenants, charmants, délicats et mangeurs de pâtes. Quand on a trop tendance à oublier que des reines françaises furent espagnoles ou polonaises, nos souveraines italiennes ayant occupé longtemps l'histoire de France...

Les premiers impérialistes du monde

Dès notre plus jeune âge, nous apprenons l'histoire de la Renaissance et nous devenons Italien à vie. Pour les Français, un Italien a les traits de MARCELLO MASTROIANNI, le bon goût de DE SICA et la verve de BERLINGUER. C'est oublier que les transalpins sont les premiers impérialistes au monde et qu'une partie de la planète mange des pâtes et de la pizza, roule en Fiat, Ferrari, Alfa Roméo ou Maseratti...

On aime se moquer d'eux, surtout de leur armée dont les chars ne connaîtraient qu'une vitesse, la marche arrière !... Mais lorsqu'on parle d'une Italienne, alors là, les bras s'ouvrent et l'on se prend à rêver d'une soirée sur la lagune vénitienne à déguster des fetuccine et de l'orvietto fresco aux côtés d'une beauté adriatique dont les «r» roulés sont une invitation à la dolce vita...

Vacances romaines, les mots sont lâchés !... Rouler en vespa dans Rome, rendre visite au Pape qui n'est plus Italien, s'arrêter place d'Espagne et déjeuner Piazza Navona, voilà l'Italie et les Français sont pour !

Chez eux nous voyons LÉONARD DE VINCI, MICHEL ANGE et AGNELLI, quant au fascisme, voilà une erreur de parcours digérée par le cinéma italien des années cinquante, tout de noir et blanc, pour nous dire que c'était bien fini.

Le goût de la vie, du bonheur et de la famille

Les Italiens, c'est aussi la Toscane et ses cyprès touchant le ciel, le chianti et les huiles d'olive. On dirait qu'ils seraient un peu provençaux, mais que nenni, les Italiens c'est autre chose, c'est notre jardin secret, nos vacances rêvées, dont nous reviendrons plus érudits pour alimenter les conversations de table pendant une bonne année.

Aurions-nous des mots disgracieux pour les italiens? Nous les cherchons... Non, si ce n'est cette tendance qui pourrait passer pour de la paresse, nous dirons nonchalance, du retard, nous dirons rêverie, un manque de sérieux, nous l'appellerons légèreté. Et oui, il est bien difficile pour un Français d'être négatif envers un Italien tant les transalpins sont proches de nous et si lointains à la fois...

Le sérieux et solide allemand des produits manufacturés s'oppose aux lignes poétiques et délicates des fabrications italiennes. Nous aimons les clichés et ils nous le rendent bien... Alors serions-nous des éternels charmés par les Italiens ou nous manquerait-il ce qui fait leur personnalité, tel que le goût de la vie, du bonheur, de la famille et le plus important, d'être ensemble...

Actifs et novateurs

Nous continuons pourtant de nous sentir supérieurs à nos voisins «d'au-delà des Alpes», histoire de ne pas leur laisser toute la place. Et si jamais nous délaissions ce loup qui ne nous cache pas seulement le visage mais aussi la vue, nous serions à même de constater que nos éternels troubadours sont de plus en plus actifs, novateurs, plus proches de la réalité européenne et même, disposés à nous donner quelques leçons de bonne gouvernance de l'Europe... mais à l'italienne, simplemente i dolcemente!

Nous nous apercevrions aussi que le dynamisme italien ne s'exerce pas uniquement dans la tchatche et la dolce vita mais peut aussi rimer avec ambition et développement économique. Les vêtements et les souliers transalpins occupent une place croissante dans les rayons des boutiques françaises et européennes, le café italien grignote chaque jour des parts de marché, tout comme le vin de la péninsule (2e rang mondial) et les oranges. Même la production industrielle du triangle Turin-Milan-Gênes, que l'on disait en perte de vitesse ces dernières années, retrouve des couleurs...

L'éternel problème du Mezzogiorno

L'Italie semble enfin libérée de ses vieux démons. Elle a retrouvé une crédibilité internationale même si elle ne parvient pas encore à se hisser au niveau des taux de croissance de ses voisins européens, en dépit de la vivacité de ses petites et moyennes entreprises. Il lui reste à régler l'éternel problème du Mezzogiorno et l'écart qui continue de se creuser entre le Nord et le Sud du pays. ROMANO PRODI en avait fait une priorité, ses successeurs aussi. L'Italie bouge...

Drame à l'italienne

Les Roméo et Juliette de Torre

Le drame, passé quasiment inaperçu en France, remonte à la fin du mois de janvier 2005. ETTORE (71 ans) et ROSANNA (67 ans) coulent des jours heureux à Torre, un petit village proche de Padoue et le temps n'a pas eu de prise sur leur amour... Mais en septembre 2004, tout s'écroule. ROSANNA est victime d'une hémorragie cérébrale et sombre dans le coma. Pendant des semaines, Ettore la veille de jour comme de nuit. Jusqu'au jour où il prend sa décision : puisque ROSANNA ne revient pas à elle, c'est lui qui irait la rejoindre. ETTORE regagne sa maison, accroche une corde à la poutre de son garage et se pend. Moins de 12 heures plus tard, ROSANNA se réveille et réclame ETTORE avant de reperdre conscience. Depuis, elle s'est réveillée plusieurs fois et personne n'a encore osé lui dire qu'Ettore a choisi de la précéder dans la mort... par amour pour elle.

Pour comparer réalité et vision de départ, voir page 40

Toujours uniquement tournés vers la Dolce vita, les Italiens ?

© Eyrolles

LES LETTONS :
PLUSIEURS LANGUES MAIS UNE SEULE PAROLE

La plupart du temps, nos compatriotes confondent les Lettons et les Lituaniens, ainsi du reste que leurs capitales respectives... La Lettonie, c'est Riga et la Lituanie, Vilnius. Mais bon, nous sommes ainsi ; les Français et la géographie, cela n'a jamais fait très bon ménage ; c'est comme pour les langues, on devrait en faire depuis la maternelle, ça irait mieux...

Donc, les Lettons, nous savons qu'ils sont au Nord de l'Europe, mais vous dire précisément où, alors là... Il y a trois pays baltes, d'accord, mais les mettre dans le bon ordre, c'est autre chose.

Baltes membres de la Hanse

Les Lettons sont donc Baltes, membres de la Hanse (ce n'est pas du folklore mais une réalité) ; il y a d'ailleurs fort à parier que dans l'avenir, l'Europe unie sera composée de réseaux de villes, Régions, Länders, Généralités et zones d'influences... Un de ces réseaux, pas le moins puissant, pouvant alors résulter de la reconstitution de la zone hanséatique : Copenhague, Hambourg, Oslo, Stockholm, Helsinki, Tallinn, Riga et Vilnius...

Les Lettons connaissent souvent mieux leurs envahisseurs qu'eux-mêmes. À commencer par les Vikings qui, avec leur douceur légendaire, s'établirent en terre lettone ; puis ce fut le tour des Germains, des Allemands, des Suédois et enfin des Russes... Et par la force de l'histoire, l'esprit letton est en quelque sorte un mélange de scandinave et d'allemand, imbibé de russe.

L'occupation soviétique a en effet laissé des traces, en particulier la présence de nombreux Russes qui ne sont pas retournés dans la mère patrie (la communauté russophone représente aujourd'hui un tiers de la population lettone). C'est la raison pour laquelle le russe est utile en Lettonie, tout comme l'allemand et l'anglais. Il est d'ailleurs tout à fait courant de voir ou d'entendre la même affiche ou spot publicitaire, en letton et en russe... Comme il est habituel de trouver en bonne place la totalité des médias russes dans les points de vente de Riga dédiés à la vente de la presse...

Mieux vaut un bon écrit qu'une parole en l'air

Les Lettons sont ponctuels et n'ont qu'une parole. On travaille au bureau, et si on se retrouve au restaurant, c'est que la glace a vraiment été brisée, non sans mal... En Lettonie, on ne parle pas avec les mains, ni avec les yeux, mais plutôt avec les mots. Mieux vaut un bon écrit qu'une parole en l'air; c'est ça l'esprit letton. Le mensonge n'est pas imaginable, c'est la raison pour laquelle vous ne trouverez pas de Letton baratineur ou gouailleur...

À la limite, Mesdemoiselles, si un Letton doit un jour vous déclarer sa flamme, n'attendez pas de lui de longues tirades poétiques, plutôt une déclaration directe, douce, mais ferme...

Comme l'Allemand, le Letton est très attaché à son foyer. Sa vie privée ne peut être débordée par le travail, à moins d'une affaire urgente, mais faudra-t-il qu'elle soit vraiment urgente... Et comme le voisin russe, il s'enfuit les fins de semaine dans la datcha, appelée localement cabane... Il est aussi comme l'Estonien, très proche de la nature, à tel point que bien souvent, les Lettons des villes sont d'anciens Lettons des champs, beaucoup ayant conservé de la famille à la campagne...

Eclectiques et cosmopolites

La culture et les traditions lettones sont un savant mélange de racines nordiques et germaniques, avec par-ci, par-là, une pointe de couleur slave, mais une pointe seulement, presque un pastel...

Fortement attachés à leurs racines et à leurs traditions, les Lettons sont éclectiques et cosmopolites; ils regardent toujours vers le grand large et se souviennent que leur ville était appelée Paris du Nord.

Bien qu'indépendants depuis 1991, les Lettons nous sont encore assez étrangers et il n'est que de relire la première partie de cet ouvrage pour s'en convaincre. Mais qu'étaient-ils pour nous durant l'époque de l'URSS? Une république soviétique disait-on, sans penser que naguère, ce fut un peuple libre et heureux, avant que le joug stalinien ne vienne s'abattre sur lui comme sur les autres Baltes. Cela n'empêche pas les Lettons de posséder un sens de l'hospitalité assez poussé. Ils seraient du reste ravis de vous accueillir chez eux. À bon entendeur...

Un chemin encore long

Il fait aujourd'hui bon vivre à Riga, et les investisseurs sont les bienvenus, tout comme les touristes, qui sont aussi des investisseurs occasionnels (ils sont plus de deux millions chaque année)... Avec ses 900000 habitants, la «perle de la Baltique» est active et vivante, peut-être la plus dynamique des capitales baltes. Elle tente d'impulser un élan à l'ensemble du pays qui peut s'enorgueillir de réels progrès économiques enregistrés depuis les années 2000. Mais des indicateurs essentiels tels que le chômage et l'inflation sont encore bien loin d'être maîtrisés et le chemin, de toute évidence, sera long.

─────────────── *Mémoire* ───────────────

La tempête qui divise les Lettons

En annonçant sa présence à Moscou le 9 mai 2005 pour commémorer avec les autorités russes le 60ᵉ anniversaire de la fin du Second conflit mondial, MADAME VAIRA VIKE-FREIBERGA, la présidente de Lettonie, a déclenché un vif débat dans son pays. Les Lettons sont en effet divisés sur la question : doit-elle s'y rendre ou pas? Les partisans du non mettent en avant que la présence de la première dame lettone légitime à elle seule l'occupation soviétique de la Lettonie depuis 1945. Madame la Présidente a tenté de se justifier en affirmant que «le chef d'État letton se doit d'être là où se trouvent les autres responsables européens»…

Pour comparer la réalité au vide de départ, voir page 42

Pour comparer la réalité au vide de départ, voir page 42

Alors, les Lettons, ils existent ou pas?

LES LITUANIENS :
COMPÉTENTS, ACTIFS ET FIERS DE LEUR PAYS

Petit pays de quatre millions d'habitants (qui en font tout de même la plus peuplée des trois Républiques baltes), la Lituanie, dit-on, offre une certaine qualité de vie. Vilnius, sa capitale, est la seule capitale des pays baltes qui ne soit pas un port (c'est toujours bon à savoir et l'info, bien placée lors d'un dîner en ville, peut faire son effet). Vilnius est en revanche cernée par les bois; on dit d'ailleurs dans la capitale lituanienne que la forêt est plus forte que la ville. On dit aussi, comme nous l'a rappelé récemment MUZA RUBACKITÉ, une célèbre concertiste lituanienne, que c'est la forêt qui entre en ville...

Napoléon émerveillé par Vilnius

Vilnius est composée de ruelles, de bâtiments gothiques, classiques, Renaissance et baroques. À l'ombre du mont Gediminas, elle exhibe fièrement sa bibliothèque (la plus grande d'Europe orientale), et surtout sa cathédrale Sainte-Anne, faite de briques rouges et de trente-trois sortes de céramiques, pas une de moins!

Une cathédrale aux lignes épurées... en fin de journée, on dirait une cathédrale de feu! On dit même que NAPOLÉON, passant par Vilnius après la retraite de Russie, se serait émerveillé devant ce monument et qu'il aurait voulu le ramener à Paris, dans le creux de sa main... Une construction qui est aussi le symbole du catholicisme lituanien, une foi à toute épreuve même sous les frimas, même durant la dictature et les pires heures de l'occupation soviétique...

Sur les bords de la Baltique, coincée entre la Pologne et la Biélorussie au Sud, la Russie à l'Est et la Lettonie au Nord, la Lituanie, loin de faire pâle figure, tint cependant longtemps la dragée haute à ses voisins... Une partie de la Pologne fut même un temps lituanienne...

Une longue nuit d'un demi-siècle

Certains voient en la Lituanie un pont entre l'Est et l'Ouest, mais elle symbolise avant tout la liberté des peuples d'Europe... De l'occupation soviétique, les Lituaniens ont tenu à conserver le plus dur des souvenirs en érigeant un musée, non pas à la gloire, mais plutôt au malheur du KGB. Vilnius est donc aussi la ville du musée du KGB, un lieu dédié à la mémoire où l'on peut toucher du doigt ce que furent ces années de plomb, entre crainte de la déportation et peur de l'exécution sommaire. Une période qui plongea la Lituanie dans une nuit d'un demi-siècle, une bien longue nuit au cours de laquelle plus d'un quart de la population locale fut touché par la répression...

Sérieux, compétents et actifs

Les Lituaniens «d'aujourd'hui» sont sérieux et compétents, discrets et très actifs, Baltes et non Germains, loin des Slaves, encore plus des Latins; leur mode de vie peut être très rigoureux lorsqu'il s'agit du travail, mais la détente s'installe (ainsi que le confort) dès lors que les heures de labeur sont achevées...

Ils sont à juste raison fiers de leurs pays, catholiques aux traditions païennes, conviviaux et ouverts. Sobres et polis, ils ne s'embarrassent toutefois pas de fioritures, encore moins de mignardises... ils sont directs, francs et organisés.

Pro-européens, très écolos, ils ont longtemps dû faire face à une vague de corruption qui a entaché le pays... «Honteux et confus, ils jugèrent, mais un peu tard...»; non, nous ne sommes pas dans une fable, et les Lituaniens prirent le taureau par les cornes (dans ce cas précis, il vaudrait mieux parler des oreilles de l'Ours...). La corruption était plutôt une déviance soviétique, mais quand il faut laver une maison à grande eau, on en oublie quelquefois des recoins... Les lituaniens s'en aperçurent à temps et le nécessaire fut fait. Fin de l'épisode et place à la suite.

Le chant omniprésent

Les Lituaniens aiment leur cuisine, composée de fruits de la nature (légumes et champignons) et de plats à base de viande ou de poisson fumés; et puis, il y a les «zepelinis», des curieuses boulettes de viande avec des pommes de terres, servies avec une sauce aux lardons. Les zepelinis sont appelés ainsi parce qu'ils ont la forme d'un zeppelin. Le tout est arrosé de bière locale et ponctué de griottes lituaniennes dont l'effet est tempéré par les chants traditionnels que l'on reprend en chœur, soit quand la famille s'est réunie à l'été près d'un lac, soit dans l'une de ces auberges de Vilnius où le temps semble s'être arrêté...

Le chant est du reste très présent en Lituanie, surtout lors du festival de la chanson, dont la première édition remonte à 1920. Un événement national où toute la ville de Vilnius est envahie par les Lituaniens. Il n'est pas rare alors d'entendre 30 000 personnes chanter en chœur.

Sérénité retrouvée?

Un chant qui se veut à présent gai et entraînant, symbole d'une sérénité retrouvée. Depuis que la Lituanie a rejoint l'Union européenne et l'OTAN en 2004, les Lituaniens ont confiance dans leur avenir et dans celui de leur pays. Même s'ils figurent encore dans le groupe de queue des élèves de l'Union; même s'ils sont moins bien lotis que leurs voisins Lettons; même si le taux de chômage ne parvient pas à descendre; et même si les investisseurs étrangers continuent de se montrer frileux, attendant probablement de voir le résultat des réformes en cours (modernisation des infrastructures, privatisation des grandes entreprises nationales...).

──────────────────── **Anecdote** ────────────────────

Le difficile apprentissage européen…

La Lituanie a rejoint l'Union récemment, en 2004. Et le moins que l'on puisse dire, c'est que le Parlement lituanien a eu un certain mérite à ratifier la Constitution européenne. Faute de traducteurs performants, la première version du texte ne comportait en effet pas moins de 550 fautes de traduction, dont certaines, particulièrement grossières, modifiaient le sens même de certains articles! Une seconde traduction a donc été réalisée dans l'urgence, avec un appel aux bonnes volontés compétentes… Résultat des courses : une deuxième version qui ne comportait plus «que» 150 fautes!

Pour comparer la réalité aux faibles représentations de départ, voir page 44

Un peu plus de relief, les Lituaniens?

LES LUXEMBOURGEOIS :
ILS SONT VRAIMENT RICHES ET DISCRETS

Aeddi, wei geet et?...
Mir geet et gutt?...

C'est tout pour les questions. C'était juste histoire de vous familiariser un peu avec le lëtzebuergesch...

Les Luxembourgeois sont 448 300 habitants dont 81 800 résident dans la capitale, Luxembourg ville. Ils habitent un pays où se sont rencontrées deux cultures européennes, la germanique et la romaine. Ce pays, c'est le Grand Duché du Luxembourg, communément appelé Luxembourg... La précision n'est pas anodine ; elle vous permettra de revenir sur le droit chemin quand cela se compliquera...

169 enseignes bancaires!

Au Luxembourg (le pays) et à Luxembourg (la ville), l'unité monétaire est l'euro. Le taux de chômage voisine les 3,8 % et le nombre d'enseignes bancaires s'élève à 169! Un record... Pour vous y rendre depuis la Gaule, vous avez le choix de passer par la Lorraine, la Belgique, les Pays-Bas ou bien l'Allemagne. Mais prenez garde à bien suivre les indications autoroutières, le Luxembourg est si vite passé...

Deux régions composent le Grand Duché : l'Oesling au Nord (828 km^2, soit le massif des Ardennes proche de l'Eifel allemand, altitude de 560 mètres) et le Gutland au Sud (1758 km^2). Le Luxembourg, c'est donc 1758 + 828 = 2586 km^2.

Luxembourg-ville est composée de la ville haute, la plus récente, et des villes basses, au nombre de trois : Grund, Clausen et Pfaffenthal. Comptez aussi le quartier européen, sur le plateau du Kirchberg (extra-territorialité oblige), où se trouvent les Institutions européennes.

Pour devenir définitivement incollable

Et pour être encore plus précis, sachez que trois districts composent le Luxembourg : Luxembourg, Diekirch et Grevenmacher, soit 12 cantons, 118 communes et 4 circonscriptions électorales. Enfin, pour être définitivement incollable sur ce petit État, retenez que le nom de Luxembourg est apparu pour la première fois en l'an 963, à la suite d'un échange entre le COMTE SIGEFROID et l'Abbaye Saint-Maximin de Trèves en Allemagne.

Ce célèbre COMTE SIGEFROID devint propriétaire d'un rocher sur lequel il fit construire un château fort et ainsi de suite, jusqu'à l'extension des terrains alentours. En 1354, le Luxembourg devient Duché, et non plus Comté, et acquiert un autre comté, celui de Chiny. Le voici devenu véritable Principauté...

Mais la lignée des comtes de Luxembourg s'éteint en 1437 et les HABSBOURG, encore eux, retrouvent ce pays dans leur giron avant qu'il ne passe entre les mains des DUCS DE BOURGOGNE, en commençant par PHILIPPE LE BON en 1443. Ce sont les Pays-Bas qui prennent ensuite le contrôle du Luxembourg, avec encore et toujours les HABSBOURG, de 1715 à 1839.

Français de temps en temps

À certaines périodes de son histoire chaotique, le Luxembourg est même devenu français ; certes pas longtemps, sous Louis XIV où Vauban en profita pour édifier la place forte de Luxembourg, puis en 1795, lorsque le Luxembourg, la principauté de Liège et les Pays-bas furent intégrés à la République française.

Il faut attendre le Congrès de Vienne en 1815, pour que le Duché devienne Grand Duché... Pour ceux d'entre vous qui ont bien suivi l'histoire de la Belgique (les autres n'ont qu'à se reporter page...), c'est le Traité de Londres, en 1839, qui marque l'émergence du Luxembourg dans le concert des nations.

D'abord coupé en deux, la partie francophone revenant à la Belgique, la partie germanophone constituant le Grand Duché, le Luxembourg sera le premier État à entrer dans une union douanière, en l'occurrence allemande, le Zollverein, en 1842. Après le conflit 1914-1918, le Luxembourg, neutre depuis 1867, conclut une nouvelle union, économique, avec la Belgique (1921) et adopte le franc belge.

Neutralité abandonnée

Durant la Seconde Guerre mondiale, l'Allemagne veut à tout prix germaniser le petit État, ce qui lui vaudra de perdre 2% de sa population. Abandonnant sa neutralité à la fin du conflit, le Luxembourg choisit de faire partie des membres fondateurs de l'OTAN (1949), avant d'intégrer la Communauté Européenne du Charbon et de l'Acier en 1951 et, en 1957, la Communauté Economique Européenne (la CEE). Luxembourg sera dorénavant cité avec Bruxelles et Strasbourg comme un des sièges de la Communauté européenne. Il deviendra aussi une place financière dans les années 1960.

Toute l'histoire de ce pays est ainsi à l'image de ses comptes bancaires, à la fois secrète et dense... Le Luxembourg compte plus de 150 nationalités et vit le trilinguisme au quotidien. Quant à son hymne national, «Notre patrie» ou «Ons Heemecht», il pourrait être l'hymne de l'Union européenne tant il met en avant les principes de paix, d'indépendance, de quiétude et de prospérité.

Deux Luxembourgeois qui comptent, et pas seulement en banque

Parmi les Luxembourgeois qui comptent (sans jeu de mot bancaire), on peut en citer deux, particulièrement importants. D'abord la GRANDE DUCHESSE CHARLOTTE qui, durant la Seconde Guerre mondiale, s'exila et fidélisa ses compatriotes par ses interventions radiophoniques régulières, à l'image d'un certain général français...

De retour dans son pays sinistré, elle soutiendra les efforts de reconstruction, son aura lui permettant d'être écoutée par Roosevelt. Elle abdiquera le 12 novembre 1964 en faveur de son fils, le Grand Duc Jean.

L'autre grande figure du Luxembourg est un père de l'Europe, Robert Schuman, ministre français, mais né le 29 juin 1886 à Luxembourg-Clausen, d'une mère Luxembourgeoise née Bettembourg. Schuman parle le luxembourgeois dès sa plus tendre enfance et apprend le français et l'allemand à l'école primaire. Il fait ses études supérieures dans des universités allemandes et devient avocat à Metz. Ce n'est qu'au lendemain de la Première Guerre mondiale qu'il prend la nationalité française et est élu à la chambre des députés. De son propre aveu, c'est cette culture européenne qui lui a permis, plus tard, de mettre en pratique sa large vision de la société et du monde.

D'autres Luxembourgeois

Le sportif luxembourgeois, c'est Charly Gaul, vainqueur du Tour de France 1958, du Giro d'Italia en 1956 et 1959, et du Tour du Luxembourg en 1956, 1959 et 1961. Comptez aussi le photographe Edward Steichen, le peintre Joseph Kutter, le banquier Edmond Israel et le photographe Emile Mayrisch. Et puis, le Luxembourg ne serait pas le Luxembourg sans les disciples des pères fondateurs de l'Europe, les Luxembourgeois Joseph Beck, Pierre Werner, Gaston Thorn, Colette Flesch, Jacques Santer, Jacques Poos et l'actuel premier ministre Jean-Claude Juncker.

Les Luxembourgeois sont riches, c'est vrai!

Les Luxembourgeois sont riches, c'est vrai; paysans ou banquiers, discrets comme leurs comptes secrets, effacés parce qu'ils savent qu'un jour ou l'autre on aura besoin d'eux, internationaux par nécessité et européens parce que c'est une opportunité qu'ils ne pouvaient manquer... Ils ont même poussé le zèle jusqu'à laisser leur nom dans l'histoire communautaire, Schengen étant une ville luxembourgeoise située dans la vallée de la Moselle...

Année après année, de croissances records en bons résultats, le Luxembourg s'affirme comme le meilleur élève de la classe européenne. Premier sur vingt-cinq. Difficile de faire mieux...

Quant au système bancaire luxembourgeois, nous pourrons vous en expliquer les finesses. Pour cela, merci d'adresser un courrier chez l'éditeur à nos noms...

Ah oui vraiment, Lëtzebuerg asse e schéint Land!

Le Luxembourg est un beau pays!

Survivance

« Tu attends qu'on t'offre l'œuf?»

« Tu attends qu'on t'offre l'œuf?» ; c'est par cette apostrophe retentissante qu'un Luxembourgeois pourrait s'adresser à vous si vous mettez trop de temps à lui parler ou à répondre à la question qu'il vient de vous poser. L'us remonte au début du siècle dernier, période durant laquelle les œufs, rares donc chers, étaient un produit de luxe. À cette époque, offrir un œuf à un visiteur timide était un «truc» pour qu'il se confonde en longs remerciements et sorte ainsi de sa coquille (sans jeu de mot). La coutume de «l'œuf qui fait parler» s'est perdue depuis bien longtemps. Mais l'expression, elle, est toujours utilisée ...

Pour confirmer une bonne perception de départ, voir page 46

Encore plus européens, les Luxembourgeois?

LES MALTAIS :
ILS APPRENNENT PEU À PEU LE RYTHME EUROPÉEN...

Depuis le 1er mai 2004, les Européens savent que Malte est membre de l'Union européenne, et les Maltais avec. Quelle fête ce soir, la forteresse de La Valette était toute illuminée, quel beau spectacle que celui-là... Bienvenue aux Maltais...

Maintenant que l'adhésion à l'Union a été fêtée comme il se doit et les cotillons rangés, parlons un peu des Maltais. Du moins essayons. Les Maltais sont..., enfin ils viennent de..., bon, ce sont des Maltais, donc... Ils ont fait l'ordre de Malte, non? Ils sont les chevaliers de Malte, enfin, pas tous, et ils parlent anglais... Voilà, c'est cela, des chevaliers anglais! Et oui, c'est ainsi, nos compatriotes ont bien du mal à parler de Malte et des Maltais. Ce petit État de la Méditerranée est en effet encore inconnu de la majeure partie d'entre nous.

Pourquoi les chanteurs maltais ne gagnent jamais le concours de l'eurovision

La langue maltaise est sémitique, elle fait partie de la famille de l'hébreu et de l'arabe; son origine remonterait aux Phéniciens... L'alphabet latin en fait l'écriture et des apports siciliens et italiens en ont enrichi le vocabulaire. C'est la raison pour laquelle les chanteurs maltais ne sont jamais compris lors du concours de l'eurovision et pourquoi, peut-être, ils ne le remportent jamais!

Et pourtant, le petit archipel rocheux méconnu, si stratégique, a souvent joué un rôle important depuis l'Antiquité et toujours suscité les convoitises. On suppose même, d'après les dires d'un certain HOMÈRE, qu'ULYSSE aurait séjourné à Gozo (île de l'archipel maltais). D'autres supposent que Malte aurait connu le passage de Saint-Paul, pourquoi pas...

1964 : l'indépendance, enfin!

Une fois tournée la page de l'occupation arabe, ce furent les Normands qui s'installèrent sur l'île, Normands venus de Sicile; une occupation sicilienne qui laissa de nombreuses empreintes, dans l'âme et la terre maltaises, et jusque dans le vocabulaire local : beaucoup de mots du malti courant proviennent ainsi de l'italien ou du sicilien («grazzi» pour merci, «karozza» pour voiture, «kamra» pour chambre, etc).

Après les Siciliens, ce furent les Croisés qui investirent l'île, et le grand CHARLES QUINT fit don de Malte aux Chevaliers de l'Ordre de Saint-Jean de Jérusalem, en échange de... deux faucons maltais!

Ces mêmes chevaliers, emmenés par le légendaire JEAN PARIZOT de La Valette, repousseront les Turcs et construiront la ville fortifiée éponyme, connue aujourd'hui comme la capitale, La Valette. Napoléon eut lui aussi des visées sur Malte, visées repoussées par les Anglais qui en firent une colonie britannique dès 1810. Ce qui explique que l'on croise encore aujourd'hui beaucoup de Maltais dans le centre de Londres...

L'île fut aussi au centre du deuxième conflit mondial en Méditerranée, lorgnée par les puissances de l'axe, mais défendue par la perfide Albion. Et ce n'est qu'en 1964 que fut finalement proclamée l'indépendance maltaise, consentie par les Britanniques... ouf!

Alors, tout compte fait, ces Maltais, ils sont Italiens? peut-être; Siciliens? au moins d'origine; Arabes? on s'en doute un peu; Méditerranéens? on ne s'engage pas trop; catholiques? à n'en pas douter... Retour au point de départ : les Maltais, ils sont... Maltais, un point c'est tout.

Désormais dans la grande famille européenne

Désormais dans la grande famille européenne, il reste aux Maltais beaucoup de travail à accomplir pour se conformer au «règlement intérieur» du train communautaire. À commencer par celui, prioritaire aux yeux de nombreux observateurs, qui consisterait à se débarrasser une fois pour toutes de la pesante tradition des pavillons de complaisance...

Les Maltais l'ont bien compris. Ils multiplient aujourd'hui les efforts pour répondre aux exigences de Bruxelles. Forte d'une démocratie désormais bien établie, d'un revenu par tête quasiment équivalent à celui du Portugal, la petite République maltaise possède enfin un bilan qui se laisse regarder : une inflation maîtrisée sous la barre des 3%, une croissance raisonnable et un taux de chômage qui flirte avec le seuil des 9% sans toutefois jamais le dépasser.

Destination de vacances

Malte est de nos jours une destination de vacances, parfois studieuses car une bonne partie des formations en langue anglaise se déroule sur l'archipel. Après tout, autant approfondir la langue de SHAKESPEARE sous le soleil de la Méditerranée plutôt que dans le fog londonien...

Au cours de cette formation, on apprend notamment que bien des patronymes maltais nous sont connus, le plus souvent à notre insu : ALAMANGO (comme le musicien), CAUCHI (comme l'acteur), ELLUL (comme l'universitaire), FARUGGIA (et oui, celui des Nuls), FENECH (comme le député) et encore ZAMMIT (comme Nono, l'acteur)...

Consacrons pour conclure une citation particulière à un autre patronyme, celui de l'un de nos amis, médecin, le DOCTEUR BUSUTIL ; son nom, d'origine phénicienne, serait une déformation de BUSITTIN (le chef des 60), ou bien une dérivation d'une phrase italienne : «un bue sottile», un gentil taureau... qui orne le blason. Enfin, quelque chose à dire sur Malte sans paraître ignare... Il était grand temps !

─────────── *Goujaterie* ───────────

Pourquoi les Maltaises décomplexent les Françaises…

Bien que Malte soit une île, on y trouve peu de plages adaptées à la baignade. Les côtes de l'archipel rocheux sont en effet peu propices aux vastes étendues de sable. Mais il en existe tout de même quelques-unes. L'occasion alors pour les touristes que nous sommes, de constater que la physionomie des Maltaises est en général bien loin de la taille mannequin qui sert de référence en Occident. Les Maltaises, quelle que soit la génération d'âge à laquelle elles appartiennent, sont plutôt petites et plutôt rondes, pour ne pas dire fortes. Alors messieurs, si vous sentez votre épouse complexée à l'idée de se montrer en maillot de bain, des vacances à Malte peuvent s'avérer tout à fait opportunes…

Pour confronter la réalité aux représentations de départ, voir page 48

Un peu moins chevaliers, un peu plus dans le rythme européen, les Maltais?

LES NÉERLANDAIS :
HÂBLEURS, ENTREPRENANTS, TROP PERMISSIFS ?

Les Français appellent souvent les Néerlandais les Hollandais, ou les «Zolandais» quand ils oublient le H...

D'abord, ils sont de la patrie des grands peintres, JAN VERMEER, REMBRANDT, VAN GOGH, PIET MONDRIAN, JÉROME BOSCH, et de la liberté qui nous a fait rêver dans les années 1970....

Là-bas, l'amour était libre, le haschich aussi, les Hollandaises étaient blondes avec des sabots, elles parlaient fort mais qu'importe, elles étaient tellement sexy sur les plages espagnoles...

Bon d'accord, nous oublions de parler des tulipes et des moulins, mais comparés aux jambes des Néerlandaises... avouez tout de même que l'omission est excusable... Les hommes nous comprendront, les femmes nous pardonneront !

Un plat pays pas uniquement bucolique

Comme la Belgique, la Hollande est un «plat pays», avec ses canaux poétiques que l'on aime longer à bicyclette en été et utiliser comme patinoire en hiver, sous le regard amusé des hérons, spectateurs fidèles... Un plat pays, mais aussi un «bas pays» (sens du nom «Nederlanden»), dont plus du tiers du territoire se situe au-dessous du niveau de la mer. C'est du reste pour cela que les Néerlandais ont toujours fait de la bataille contre l'eau une priorité nationale : les premières digues ont été construites dès le XIIIe siècle pour renforcer les dunes naturelles insuffisantes, les lacs ont été asséchés grâce aux immenses moulins à vent qui servaient à pomper l'eau...

Voilà une Hollande non seulement bucolique, mais aussi ouverte à l'écologie, aujourd'hui dotée d'un vaste réseau autoroutier qui mène vers le grand Nord ou le grand Est, une Hollande laboratoire de nouvelle gouvernance, avec une reine possédant une des plus grosses fortunes de la planète...

Les Pays-bas constituent aussi depuis un certain temps une tonalité nouvelle dans l'échiquier politique européen, avec des extrémistes de droite que l'on croyait oubliés... Des assassinats qui font tomber le masque d'un pays peut-être trop permissif, trop libre, un peu trop tout en fait... à l'image de ces vitrines où des femmes offrent leurs charmes. Fin du commentaire.

Hâbleurs et entreprenants

Les Néerlandais sont hâbleurs; ils parlent haut et fort, boivent une bière qui n'en vaut pas le détour et possèdent une cuisine hétéroclite dont il faut retenir les variantes de riz cuisiné à l'indonésienne (l'Indonésie étant l'une de leurs anciennes colonies). Evidemment, si l'on aime le hareng, c'est autre chose et la table hollandaise cesse d'être un supplice...

Ils sont aussi entreprenants, forts en banque et en affaires... Leur place boursière est importante, il faut compter avec dans le monde de la finance... Ils ont la bosse du commerce, c'est incontestable, et si leur pays était plus grand, leurs produits inonderaient certainement nos étals.

Ancienne première puissance maritime d'Europe rendue euphorique par son commerce outre-mer et ses échanges avec les Indes, la Hollande occupe toujours aujourd'hui une place de premier plan dans l'Union, grâce à son dynamisme économique et à ses responsabilités européennes (c'est à Maastricht que fut signé le traité éponyme en 1992 et c'est à La Haye que siège la cour pénale internationale).

Le «modèle néerlandais», fondé sur le consensus entre les partenaires sociaux, le compromis politique et le recours massif au travail à temps partiel, a longtemps été cité en exemple dans toute l'Europe. C'est encore le cas, mais un peu moins tout de même. Le chômage n'est certes pas le fléau qu'il est ailleurs (seulement

6 % des actifs en 2004), mais il a tendance à augmenter, tout comme l'inflation. Quant à la gestion de l'assurance-maladie, partiellement privatisée il y a quelques années, elle est aujourd'hui fortement critiquée par certains...

Des voyageurs qui soignent leur logis

Comme les Allemands, les Néerlandais soignent leur logis (autour de la cheminée) et pratiquent parfaitement l'art de vivre. «Gezel» est un mot d'origine germanique, synonyme de compagnie, de groupe, de convivialité... Ils ne négligent pas pour autant leur aspect extérieur; friands d'automobiles lustrées, ils sont voyageurs, viennent souvent s'installer en France et n'ont plus le désagréable réflexe d'apporter leurs provisions «made in the netherlands» (ils fréquentent désormais volontiers nos petits commerçants).

Quant à leur accent, ils le conservent aussi bien en anglais, qu'en allemand et en français; c'est même ainsi que l'on peut les identifier et les différencier des Suédois, Norvégiens ou Finlandais... Ils ne sont pas Belges, ni Flamands, encore moins Danois. Reconnaissons-leur cette faculté de garder jalousement leur identité comme leurs économies...

Riches, prétentieux et discrets

C'est peut-être pour cela qu'ils sont riches, un peu prétentieux et discrets; comme leurs peintres, ils savent se mettent en scène. Maastricht les a rendu célèbres, mais ils se seraient volontiers passés de cette mise sous les projecteurs... bien qu'ils en tirent une certaine fierté.

Un clin d'oeil final à notre Hollandais chantant, DAVE; le temps passe sur lui sans laisser de traces; il a toujours vingt ans DAVE, il est toujours aussi sympathique et avenant, et certainement toujours le gendre rêvé de beaucoup de belles-mamans françaises....

© Eyrolles

—————————— *Curiosité* ——————————

Quand internet s'inspire des tulipes

C'est l'hebdomadaire *Valeurs Actuelles* qui a révélé cette curieuse information en août 2004 : pour fixer le prix de vente des actions de leur société, les patrons de Google (le moteur de recherches internet), se sont inspirés des méthodes de cotation utilisées sur le marché des bulbes de tulipes. Testée pour la première fois au XVIIe siècle aux Pays-Bas, cette technique dite «d'enchères à la hollandaise» est toujours employée aujourd'hui sur le marché international pour déterminer le prix de vente des fleurs. Techniquement, cette méthode se déroule ainsi : le vendeur indique d'abord aux acheteurs potentiels la quantité de biens qu'il souhaite céder ainsi qu'un prix minimal. Les acheteurs font ensuite leurs offres, pendant une durée déterminée. Au terme de la période d'enchères, le vendeur comptabilise les quantités demandées en partant de l'offre la plus avantageuse et en additionnant successivement les suivantes. Le prix de vente final est égal au prix de l'offre qui permet à la somme des quantités demandées d'atteindre les quantités offertes.

Pour conforter les intuitions de départ, voir page 50

Toujours écolos et entreprenants, les Néerlandais ?

LES POLONAIS :
VERS L'ENRICHISSEMENT APRÈS LA DÉMOCRATIE?

Voici un des plus vastes espaces de vie en Europe, la Pologne. Née sur le territoire des Polanes au Xe siècle, la Pologne était déjà à cette époque, comme plus tard au Moyen-Âge, une des premières puissances d'Europe. Déjà catholique, elle résistait ensuite aux Slaves, Russes, Biélorusses et Ukrainiens...

Sur sa gauche, il y avait les Baltes, à sa droite les Mongols, puis les Turcs, et enfin, derrière elle, les chevaliers teutoniques... Unie avec le Grand Duché de Lituanie, elle s'étendra néanmoins, grâce aux Jagellons, de la Baltique à la mer noire et jusqu'aux portes de Moscou...

Destin semé d'embûches

Mais le destin de la Pologne a longtemps été semé d'embûches, celles manigancées par des voisins aux appétits démesurés qui, bien souvent, n'hésitèrent pas à la trahir pour mieux la dépecer... C'est ainsi qu'au XIXe siècle, son territoire se trouva morcelé entre la Prusse, l'Autriche et la Russie. Pas facile de s'y résigner, même à la cour du grand Turc à Istanbul, où le grand chambellan, lors des soirées de gala, continuait d'annoncer l'arrivée de l'ambassadeur de Pologne bien que ce dernier n'existait plus...

Indépendante en 1918, la Pologne sera le premier champ de bataille de la Seconde Guerre mondiale où, pour l'honneur, les cavaliers polonais chargèrent les panzers allemands... Et c'est sur son territoire, entre autre, que la plus sombre histoire de l'humanité prit corps, celle des camps de concentration...

Puis la Pologne devint un État communiste aux ordres de Moscou; jusqu'à la révolte de Solidarnosc qui, en 1980, montra les prémices de la chute du mur... De nombreux Polonais y perdront la vie, dont le PÈRE POPELIUSKO.

Marie Slodowska-Curie offrit un prix Nobel à la France

La France et la Pologne ont toujours su entretenir, le long des siècles, de bonnes et fraternelles relations... Une reine de France, MARIE LESINSCKA, était polonaise; MARIE SLODOWSKA-CURIE offrit un prix Nobel à la France, sans parler de FRÉDÉRICK CHOPIN...

Du cinéma polonais, nous gardons en mémoire les œuvres d'ANDREJ WAJDA et de ROMAND POLANSKI, tandis que la chanson polonaise a le visage de la grande ANNA PRUCNAL, une voix faite pour réveiller l'espoir. Des peintres et artistes polonais, dont la célèbre école d'affiches, le peintre BOGDAN KORCZOWSKI et le graveur CZESLAW SLANIA, influencèrent le monde des arts. Quant à CZESLAW MILOSZ, il reste l'un des plus grands poètes d'Europe de l'Est...

D'autres Polonais célèbres étonnèrent ou révolutionnèrent le monde, tels NIKOLAJ KOPERNIK (NICOLAS COPERNIC), CZESLAW MILOSZ, LECH WALESA (fondateur de Solidarnosc et élu président de la République en 1990), et le plus important de tous, KAROL WOJTYLA, le Pape JEAN PAUL II...

Varsovie, ville nouvelle

Et puis, la Pologne, les Polonais, c'est aussi Varsovie... Si le centre culturel et universitaire est resté à Cracovie, Varsovie devient une ville moderne. Moins grande que Paris, reconstruite depuis la fin de la guerre, Varsovie est une ville nouvelle qui a explosé après 1989. Vrai centre économique de la Pologne, elle bouge, se modifie en profondeur, la couleur s'y installe. Ville jeune où s'ouvrent bars et cafés, restaurants polonais ou juifs comme le célèbre Salomon. Ville grouillante la semaine, les Varsoviens stressés préférant quitter la capitale en fin de semaine pour se diriger vers Cracovie, Gdansk, ou la campagne de Mazovie où ils ont installé leur résidence secondaire...

Les Varsoviens ont sauvé leurs parcs, dont le parc de Wajenki, poumon vert royal où les concerts de Chopin ponctuent les dimanches varsoviens. Un rendez-vous incontournable, tout comme celui du soir chez Antekfariat, le café des intellectuels aux murs constellés de livres, où temps passé et temps présent se côtoient, à la polonaise... Cela, c'est tout de même un peu pour le folklore. Car entre le Polonais de la ville et celui de la campagne, il y a bien entendu une différence; mais il existe un troisième «clan», celui formé par les Varsoviens qui, comme les Parisiens, courent toujours pour assurer leur quotidien.

Les Polonais aiment faire la fête

Les Polonais aiment faire la fête; cela commence avec la vodka, dont il existe un nombre inimaginable de variétés, l'une des plus anciennes étant la vodka au miel; mais celles parfumées à la rose ou à la cerise n'ont rien à lui envier... Parole de connaisseurs. À table, on se régale de carpe farcie, de sarrasin bouilli ou frit, servi avec du porc, sans oublier les raviolis polonais, les «piroguis» fourrés à la viande, aux fruits ou au fromage blanc; les meilleurs se dégustent chez Guessler, sur la place de la vieille ville...

Les Polonais sont aussi travailleurs et courageux. Des qualités qui seront bien utiles au pays tant les défis à relever sont grands : un chômage très élevé même s'il est revenu à des proportions moins affolantes, des investissements étrangers certes vigoureux mais en perte de vitesse, un déficit budgétaire contrôlé mais fragile. Et la Pologne doit aussi consentir de gros efforts pour améliorer ses infrastructures (un retard énorme persiste dans les transports routiers), le fonctionnement de son administration, sans parler de l'assainissement de son agriculture. Si, en quelques années, le chemin accompli vers la démocratie est remarquable, celui à parcourir vers la stabilité économique est probablement encore long....

Vers une «révolution culturelle»?

Quant aux mois qui viennent, ils risqueraient bien d'être agités par la remise en cause d'une habitude historique : les sacro-saintes emplettes du dimanche dans les centres commerciaux... Soutenus par les associations de petits commerçants (qui y voient une concurrence déloyale), l'Eglise et le syndicat Solidarnosc sont partis en guerre contre l'ouverture dominicale des grandes surfaces. La Pologne est en effet l'un des derniers pays européens où le commerce est autorisé le dimanche et les jours fériés...

Hommage

Il y a dix ans, s'éteignait Kieslowski

En France, on connaît surtout KRZYSTOF KIESLOWSKI par sa fameuse trilogie «Trois couleurs : Bleu, Blanc, R ouge» qui a marqué le cinéma des années 1990. Mais il avait auparavant réalisé deux succès internationaux : «Le décalogue» en 1989 et «La double vie de Véronique» en 1991. KIESLOWSKI s'est éteint il y a presque dix ans (en 1996) à l'âge de 55 ans. De la lignée des grands réalisateurs polonais (WAJDA, ZANUSSI, POLANSKI), il avait débuté sa carrière en produisant des films documentaires pour la télévision. Précurseur de ce cinéma dit «de l'anxiété morale», il était un observateur avisé de «la vie et des chemins complexes qu'elle est parfois amenée à prendre». Avec sa disparition, le cinéma polonais a perdu gros, le cinéma européen aussi.

Pour comparer réalité et préjugés de départ, voir page 52

Toujours aussi maussades, les Polonais?

LES PORTUGAIS :
TRAVAILLEURS ENFIN RÉCOMPENSÉS ?

Faut-il vraiment parler des Portugais... Existe-t-il en effet un peuple, autre que les Portugais, qui fasse autant partie de notre paysage national ? Arrivés en France dans les années 1960, souvent hélas avec des valises en carton, cette communauté a parfaitement réussi son intégration dans l'hexagone...

Les Portugais de France (ils sont environ 560000) sont devenus des castors bâtisseurs. Ils ne sont pas restés de modestes employés, mais ont eu le courage de s'improviser créateurs d'entreprises, nombreuses, surtout dans le bâtiment. Aujourd'hui, leurs descendants sont autant Portugais que Français, de vrais Européens...

Et si les Portugais se sont si bien fondus dans la société française, ne le doivent-ils pas à ce trait lusitanien d'acceptation de l'autre? Il n'est que de voir la Fondation GULBENKIAN. Grâce à ce riche arménien, le Portugal connut son premier musée d'art moderne, et ce, sous la dictature de SALAZAR...

Une histoire qui a joué en leur faveur

À n'en pas douter, leur histoire a joué pour eux! En tant que l'une des plus vieilles nations au monde, le Portugal aura laissé des traces visibles dans le cours de l'humanité. Il y a d'abord le Portugal des découvreurs, MAGELLAN, VASCO DE GAMA, les fondateurs de routes maritimes; celui des poètes comme PESSOA, le Portugal des cinéastes avec MANUEL DE OLIVEIRA et le Portugal de la liberté avec MARIO SOARES... Terre d'accueil comme la France, le Portugal a également su ouvrir ses bras à ceux qui cherchaient un refuge, ce fut le cas pour la FAMILLE D'ORLÉANS...

© Eyrolles

Résolus et durs au travail

Les Portugais sont à l'image de leur pays : durs au travail, résolus, têtus, et fonceurs... Ils n'ont pas, comme les Espagnols, ce sang chaud frappé de soleil prompt à s'enflammer. La corrida portugaise est un sceau de bienveillance, le toro n'est pas mis à mort et on ne connaît pas au Portugal de grandes envolées guerrières... C'est la raison pour laquelle ce peuple a supporté une des plus longues dictatures d'Europe, sans sourciller, s'opposant grâce à l'accueil des démocraties...

Et puis, un matin du 25 avril 1974, deux radios de Lisbonne, Renascenta et Radio Clube, diffusent une chanson du poète AFONSO. Ce sera le signal de la Révolution des œillets, fleurs qui apparaissent en avril au Portugal. C'est le glas de soixante ans d'oppression et l'apparition d'un homme charismatique, MARIO SOARES, père du Portugal moderne.

Les Portugais, dans leur diversité, connaissent leur histoire, celle d'un grand royaume qui a subi les persécutions de l'inquisition, et dont la mémoire des Juifs portugais est présente dans le quotidien de Lisbonne ou Faro... AMALIA RODRIGUES, l'âme du Fado portugais, aura comblé des cœurs de chaleur et d'espoir par son chant. Les mots alliés à la musique diront que dans le refrain triste du fado, subsiste une flamme d'espérance en attendant les beaux jours. Les Portugais n'oublient jamais leur passé, souvent, ils l'impriment au fond de leur cœur, de leur mémoire ou de leur quotidien. Mais même porté en bandoulière, il ne les empêche pas de vivre...

L'été portugais

Après le printemps, voici donc l'été portugais : celui qui donne à l'Union européenne un Président à la Commission, JOSÉ-MANUEL DURAO BARROSO. Celui aussi d'un PIB par habitant qui a explosé au cours des vingt dernières années grâce à une dynamique indus-

141

trielle favorisée par les aides de Bruxelles. Celui encore d'exportations à la hausse, d'investissements croissants et d'une inflation durablement maîtrisée. Celui enfin d'un taux de chômage inférieur à celui en vigueur dans bien des États membres, même si le travail au noir (évalué à 25% de l'économie) est un fléau persistant...

Il n'empêche, les difficultés économiques, l'isolement diplomatique et les affres de la décolonisation africaine sont à présent remisés au rang de mauvais souvenirs. Le Portugal des années 2000 et suivantes ne cesse d'étonner par la vigueur de ses traditions préservées et par l'énergie que le pays met à se hisser dans le peloton des bons élèves de l'Europe. Si le pays est rural dans sa majeure partie et si, sur les côtes, les pêcheurs hissent encore parfois leurs barques à l'aide de bœufs, Lisbonne et Porto, les grandes villes, rivalisent de modernité à grands coups de ravalements, d'équipements, d'infrastructures et de high-tech... Un peu comme si le souffle de l'Expo 98, la dernière exposition mondiale du précédent millénaire qui s'est tenue à Lisbonne, loin d'être retombé, continuait de donner des ailes (et de l'ambition) à des Portugais devenus d'un coup plus sûrs d'eux.

Les secrets du Portugal révélés...

Faire toucher la réalité portugaise, c'est aussi s'initier au Porto... On le croit simple et unique, mais les familles de Porto sont aussi nombreuses que les cartes maritimes. La chaleur de ce vin révèle les secrets du Portugal. On le croit léger, mais cette légèreté est opaque, en abuser est un risque de déséquilibre dont on se souvient longtemps après... On pourrait parler de nectar, peut-être celui des Dieux, qui sait s'il en reste dans l'Olympe?

Au Portugal le plat national est la morue. On pourrait railler ce met tant il est accompagné par le symbole de la pauvreté, mais une fois dans l'assiette, préparé à la façon lusitanienne, on y revient, et on s'en souvient... comme on ne peut oublier les calamars et les sardines préparés de manière identique depuis des générations par les cuisinières de l'Algarve.

Voilà, les Portugais sont ainsi. Trésors cachés de l'Europe, ils sont à l'image de leurs célèbres azulejos contant une histoire ou une bataille... Le bleu prend le pas sur le blanc : il est la force, le blanc est le calme, et l'azulejo lui, est immortel ! L'emblème des forces aériennes portugaises est toujours une croix rouge ; à y regarder de plus près on remarque qu'il s'agit de la croix des Templiers...

Patrimoine

l'OPA du champagne sur le porto...

Après le Portugal, le marché français est le premier pour le porto : nous en consommons en effet plus de 35 millions de bouteilles chaque année, un phénomène qui ne se retrouve dans aucun autre pays. Le berceau du porto, c'est la vallée du Douro, au Nord du Portugal, là où s'échelonnent les vignes tapies sous un soleil généreux. Des investisseurs champenois ont récemment découvert ces lieux magiques et ont fait un pari : les Français découvriront bientôt le plaisir de boire le porto frais et dégusteront avec joie l'association porto-fromage. À ce jour, deux marques champenoises se sont lancées dans le défi : le Champagne Roederer et le Champagne Pommery, qui a inauguré il y a quelques mois une cuverie ultra-moderne en pleine vallée du Douro...

Pour confirmer les intuitions de départ, voir page 54

Toujours persévérants, les Portugais ?

LES SLOVAQUES :
ENFIN EN «BALLOTTAGE FAVORABLE»?

«Les Slovaques enfin en ballottage favorable»... Ce titre peut vous sembler énigmatique et il n'y aurait rien là d'étonnant. Mais soyez rassuré, vous n'aurez pas à jouer les SHERLOCK HOLMES pour trouver la solution de l'énigme. Car la voici : si nous avons choisi ce titre façon «jeu de mots politicien», c'est qu'il résume à nos yeux deux caractéristiques essentielles du peuple slovaque : son histoire mouvementée, marquée par un ballottage permanent entre de grands voisins ambitieux, et sa conjoncture actuelle, enfin plus favorable...

Ballottés de puissance en puissance

Unis aux Tchèques dans la Grande Moravie au IXe siècle, les Slovaques furent christianisés par les Francs et par les Grecs, avant de connaître leur première invasion, celle des cavaliers Magyars apportant avec eux l'art de la renaissance...

Au XVe siècle, Bratislava, la capitale, a alors pour nom Istropolis; l'archevêque JAN VITEZ DE SREDNA y fonde la première université de la ville, l'Académia Istropolitana, à l'image de la Sorbonne. Au XVIe siècle, après l'arrivée des Turcs en Europe orientale, Bratislava-Istropolis devient Pozony, les Hongrois en firent leur capitale, intérimaire de Budapest envahie par les Turcs.

Il faut attendre le XVIIe siècle pour que les Slovaques se définissent comme un peuple, avec une langue propre, des us et coutumes et un fort désir d'indépendance. Puis c'est 1848, l'année des révolutions, du réveil des peuples d'Europe... et des Slovaques qui aspirent à la liberté et à l'autonomie au sein de la Hongrie. La première association culturelle slovaque, la Matica, voit le jour en 1863, sept ans avant la création de l'empire austro-hongrois...

Après des décennies d'efforts de reconnaissance demeurés vains, ce n'est qu'au XXe siècle que l'union avec les Tchèques, frères de

144

lait, se réalise. Face à la ruine de l'empire austro-hongrois, l'occasion était trop belle...

Mais la sagesse des hommes est souvent trahie par leur propre violence et les nationalistes slovaques donneront aux troupes du Reich l'occasion d'intervenir en Tchécoslovaquie, ruinant ainsi cette jeune République. Il y aura bien une République slovaque, mais placée sous la protection du Reich... jusqu'au 29 août 1944, date du soulèvement de la résistance slovaque contre la mainmise nazie. Bratislava sera libre en avril 1945 et ce sera le temps de la Tchécoslovaquie, jusqu'en 1993.

Les Slovaques nouveaux «n'existent» donc que depuis 1993 et la partition de l'ancienne Tchécoslovaquie. Petit peuple (à peine un peu plus de 5 millions d'âmes) plutôt à l'étroit entre grandes montagnes et puissants limitrophes (la Pologne, l'Ukraine, la Hongrie, l'Autriche et la République tchèque), ce n'est que depuis quelques années qu'ils peuvent goûter un répit estampillé «Union européenne».

Ils sont depuis sur la voie de l'intégration communautaire et tentent de se «discipliner». Au pays des montagnes et des châteaux, les autoroutes, les infrastructures et les équipements hydrauliques, restés des années en chantier, sont peu à peu achevés.

Investisseurs étrangers «personae non gratae»

Difficile toutefois, aujourd'hui encore, de connaître avec précision la situation économique et financière du pays. Le chômage reste élevé et irrégulier (plus de 17 % des actifs) et le commerce extérieur demeure un point faible traditionnel de la Slovaquie qu'il est bien difficile de corriger. Il faut dire que les méthodes mafieuses, les passe-droits, le clientélisme et la corruption quasi institutionnalisée, sont autant de pratiques qui ont explosé au cours des années 1990. Et jusqu'à une date très récente, les investisseurs étrangers étaient «personae non gratae» pour l'État slovaque... Cela ne va pas sans laisser de séquelles. Chat échaudé...

Des recettes venues de Hongkong!

Mais les beaux jours sont peut-être à venir... La Slovaquie a fait le choix en 2004 de la «flat tax», ce fameux taux d'imposition unique de 19% (qui s'applique à la fois au revenu, à la valeur ajoutée et aux bénéfices des entreprises), source de beaucoup de commentaires, mais déclencheur de motivations nouvelles... Force est de reconnaître que les premiers résultats sont là : les entreprises s'installent, les recettes fiscales du pays bondissent et le déficit budgétaire se résorbe un peu plus chaque semaine... L'embellie sera-t-elle durable? C'est la question que l'on se pose dans les bureaux des experts du BIT et c'est ce que l'on espère ardemment du côté des cafés du commerce slovaques.

À Bratislava en tous les cas, on se réjouit; car si, à Bruxelles, personne n'aurait parié un centime d'euro sur la réussite de cette idée importée de Hongkong, l'OCDE et la Banque mondiale viennent de féliciter les Slovaques pour leur audace économique...

Chaleureux et hospitaliers

Côté jardin, le pays gagne à être connu. Et ses autochtones avec. Les Slovaques orientaux, colonisés un temps par les paysans Allemands, sont restés de vrais fermiers saxons! Aller à leur rencontre réserve d'agréables surprises tant ils savent se montrer curieux, chaleureux et hospitaliers, après un légitime petit «round» d'observation...

La barrière de la langue parvient même à s'estomper autour de la table avec la dégustation d'une «topfenpalaschinken» (crêpe épaisse fourrée de fromage blanc sucré) ou d'un «streuselkuchen» (gâteau aux myrtilles). Ces mets, attribués à tort aux Autrichiens, trouvent leur origine en Moravie et en Bohème (qui composent aujourd'hui la République tchèque). Mais la ménagère slovaque peut tout aussi bien vous inviter à partager un plat de «knedlicky», boulettes préparées différemment selon qu'elles sont destinées à être consommées en semaine ou les jours de fête...

Le cœur du pays propose une autre ambiance. Les nombreux châteaux qui s'égrainent le long des vallées sont autant de témoins d'un riche passé minier. L'extraction des métaux précieux a fait la fortune des lieux et dans certaines villes comme Kremnica, Banska Stiavnica ou Banska Bystrica, les demeures bourgeoises ont conservé leur majesté... Et leurs occupants une certaine noblesse d'attitude qui peut s'apparenter à de la froideur...

Rassurés et pro-européens, ouverts et accueillants

Au Nord, près de la frontière polonaise, on se croirait revenu à Combloux il y a vingt ans. La petite station savoyarde et son caractère familial auraient certainement pu servir de modèle aux stations de ski slovaques, charmantes car un peu désuètes, installées au bord des lacs.

Et puis il y a la capitale. Bratislava et ses palais baroques ou rococo du centre-ville. Une capitale où il fait bon vivre; où les Slovaques donnent l'impression de prendre (enfin) le temps de savourer leur démocratie restaurée et leur État de droit longtemps bafoué. Une ville à la richesse architecturale indéniable, où se mêlent les styles autrichien et hongrois, baroque et néo-réaliste, mais aussi art nouveau. À l'image de l'Eglise Bleue, une église toute bleue, d'un bleu clair qui saute aux yeux, et dont les Slovaques sont très fiers puisqu'elle est unique en Europe.

Les Slovaques sont jeunes, ouverts et accueillants; rassurés, pro-européens, ils attendent désormais beaucoup de nous...

Pour confronter clichés et réalité, voir page 56

Toujours dépassés, les Slovaques?

LES SLOVÈNES :
ILS MONTRENT CE DONT ILS SONT CAPABLES

Bienvenue en Slovénie, bienvenue dans l'un des plus petits pays de l'Union européenne... mais tellement important historiquement. Un pays où se mêlent les identités, les ethnies, les religions et le va et vient des invasions; un pays carte postale, semblable à la Suisse, à l'Autriche, où l'on parle une langue slave dans un tempérament adriatico-balkanique.

À l'époque où Byzance perdit sa splendeur, différents peuples s'organisèrent pour déferler sur le continent européen d'alors. Parmi eux il y avait... les Slovènes! Face à eux, les Alpes. Ils s'y fixèrent et entamèrent une longue période d'occupation, tant bavaroise que franque, pour se retrouver sous l'aile protectrice de l'un des premiers concepteurs de l'Europe : CHARLEMAGNE.

Dans la grande Yougoslavie

Quelques temps plus tard, au XIIIe siècle, ce sont les HABSBOURG, qui établirent la Slovénie dans leur empire, et ce jusqu'en 1918. Venant de Suisse et perdant cette dernière, la famille HABSBOURG régna sur près de la moitié de l'Europe pendant plus de six siècles, veillant sur la Slovénie comme sur l'une des pierres les plus précieuses du diadème géographique...

Puis la petite Slovénie se retrouva dans la grande Yougoslavie, celle d'avant la seconde guerre mondiale, et comme beaucoup, fut occupée lors du conflit par les Allemands, les Italiens et les Hongrois... La suite de l'histoire est connue de tous; c'est l'arrivée de TITO, d'une Yougoslavie pays communiste «pas comme les autres», dont les Yougoslaves eux-mêmes disaient que le blé qu'on y plantait poussait au Canada...

À la mort du «patron», les clans se formèrent, chacun étant désireux de s'épanouir dans la liberté et prêt à en découdre pour y parvenir... Les guerres des Balkans ensanglantèrent encore un peu plus cette région d'Europe; les Européens eux-mêmes comprenant alors qu'il était grand temps de compter sur la création d'une défense européenne, tant notre continent se voyait mis à mal par le peu de moyens proposés pour faire face aux crimes contre l'humanité commis, et dont on cherche encore certains responsables aujourd'hui...

Indépendants depuis 1991

La Slovénie devient indépendante en 1991; seule, sans HABSBOURG et sans roi, sans «camarades» non plus; seule et prête à se gérer, à montrer à l'Europe et au monde ce qu'est la Slovénie libre et de quoi elle est capable.

Et voilà enfin les Slovènes, peuple alpin qui possède la plus petite côte des États du globe : quarante kilomètres. Les Slovènes, Slaves du Sud mâtinés de Germains et d'Italiens, les Slovènes qui, dès 1998 (année des premières discussions avec Bruxelles), demandent à l'Union européenne d'intégrer la grande famille, pour que les cousins rejoignent enfin le berceau de l'unité européenne retrouvée...

Gais et entreprenants

C'est à présent chose faite. Depuis le 1er mai 2004 et leur entrée dans l'Union, nous retrouvons avec eux un peu de cet empire d'Occident et d'Orient qui se recompose petit à petit, et dont les Slovènes sont une des marches; pas la plus négligeable, loin s'en faut.

Les Slovènes sont gais et entreprenants, fêtards et accueillants; emportés comme tous les Slaves, réfléchis à la mode autrichienne, éternels amoureux comme les Italiens, et commerçants comme les Vénitiens, voisinage oblige...

Ljubljana, la capitale, avec son château et sa vieille ville, petite cité où tout se fait à pied ou à vélo... Ljubljana, grand village charmant où tout le monde se connaît de génération en génération, où les Slovènes se saluent au quotidien, où le voisin n'est pas un inconnu et le commerçant un ami de la famille. Ljubjana qui, dans le même temps, donne le ton au reste du pays et accélère sa politique de réformes (retraites, système fiscal, système de soins...) pour être «digne» de la confiance placée en elle.

Dans le peloton de tête des bons élèves

Et demain? Les Slovènes, qui ont eu l'intelligence de grimper dans le wagon européen, peuvent à coup sûr rêver d'un avenir bleu comme l'eau des Alpes juliennes.

L'abeille de la Carniole, considérée comme la meilleure au monde pour son rendement, fait vivre des villages entiers (des apiculteurs viennent de partout y acheter des reines pour les transplanter). L'inflation, qui était de 247 % au moment de l'indépendance en 1991, est retombée à 5,6 % en 2003. Les secteurs de l'automobile, du bois, de la pharmacie et de l'électroménager, affichent une forme insolente et dopent les exportations.

Le «petit pays alpin» continuera sans doute de ne pas faire de bruit, mais de succès en succès, il figurera vite dans le peloton de tête des bons élèves de l'Europe. Les clignotants sont passés du rouge à l'orange, puis de l'orange au vert en ce qui concerne beaucoup d'indicateurs. Les Slovènes nous montrent ce dont ils sont capables, ils avaient annoncé la couleur...

Personnage

GIUSEPPE, le VRP de Ljubljana

GIUSEPPE est un personnage haut en couleurs. Gérant d'un petit hôtel du centre de Ljubljana, construit dans les années 1950 (*«mais les chambres ont été refaites plusieurs fois depuis»* s'amuse-t-il à préciser), il est à n'en pas douter le meilleur VRP de la petite capitale slovène. *«La Slovénie, c'est l'Europe en miniature»* clame t-il. *«Rendez-vous compte, sur un si petit territoire, on a des forêts, des montagnes, des plateaux, des lacs, des villes, des marais et la mer…»*. Quand il parle de Ljubljana, son verbe s'enflamme. «Sa» ville est la plus belle du monde. *«Allez vous promener au bord de la rivière Ljubljanica en passant de pont en pont et arpentez ensuite la vieille ville, vous verrez, il n'y a pas de plus grand spectacle»*. Puis GIUSEPPE se tourne vers Joze qui vient de franchir la porte de l'hôtel les bras chargés de pots de miel; *«Joze, c'est le meilleur apiculteur du pays, il élève la plus splendide Carniole»* (l'abeille locale). *«Et son miel, ah son miel… les clients en raffolent!»*. Le soir tombe, GIUSEPPE allume les dizaines de petites bougies qui ornent les tables de son restaurant : *«Ljubljana, la nuit aussi, c'est magique»*…

Pour confronter les stéréotypes de départ à la réalité, voir page 58

Toujours aussi traditionalistes, les Slovènes?

LES SUÉDOIS :
ET S'ILS ÉTAIENT LES PLUS FRANÇAIS DES EUROPÉENS...?

Avant toute autre considération, une mise au point s'impose : la Suède et les Suédois sont différents des méridionaux du Nord que sont les Finlandais, et différents du peuple des eaux salées, les Danois... Que cela soit dit une fois pour toutes !

En fait, s'il fallait désigner simplement les Suédois dans le grand nuancier européen, on pourrait les rapprocher... des Français ! Leur arrogance de façade et leur traditionnelle expression hautaine portent le label d'un grand pays, donc d'un grand peuple, qui entend le rester...

Sans compter que la Suède et la France sont liées par une histoire en partie commune. À l'image de BERNADOTTE (général d'empire) et DÉSIRÉE (fiancée délaissée par un certain BONAPARTE), devenus roi et reine de Suède... Il fut le seul roi au monde qui ne pouvait se baigner en public, un tatouage républicain, héritage de sa jeunesse, prônait en effet la mort du roi...

Neutralité, mais aussi courage

La démocratie suédoise, que l'on désigna naguère comme modèle social à suivre, affiche toujours aujourd'hui sa neutralité ancestrale. La Suède possède les mêmes symptômes que la Suisse ; se mettant à l'écart, ayant toujours ce réflexe de n'agir qu'une fois que tout le monde s'est exprimé et arborer une certaine condescendance quant à ses partenaires européens...

La neutralité n'exclut toutefois pas le risque. Et la Suède, c'est aussi OLOF PALME, premier ministre populaire, et ANNA LIND, autre figure ministérielle promise à un avenir communautaire. Les deux furent assassinés, en Suède.

Elle n'exclut pas non plus le courage ; celui-ci s'est du reste révélé à divers moments et épisodes de l'histoire, par exemple via l'action de diplomates et hommes d'affaires durant la Seconde Guerre mondiale : l'un, RAOUL WALLENBERG, sauvant les Juifs pourchassés en Hongrie, l'autre RAOUL NORDLING, sauvant Paris de la destruction.

© Eyrolles

On dit aussi le Suédois rude; mettons cette rudesse sur le compte de la dureté de la vie des siècles passés, durant lesquels là-bas aussi, un certain protestantisme n'avait rien à envier à l'obscurantisme catholique...

Précurseurs et syndiqués

Il en va différemment sur le plan économique, domaine dans lequel la Suède serait plutôt précurseur. La réussite internationale suédoise est personnifiée par Ikea, enseigne de meubles que nous achetons comme nous faisons notre marché, que nous devons en plus monter nous-mêmes, tout en trouvant cela génial et amusant... inventivité suédoise! Puis, c'est Volvo, marque automobile au nom latin, appréciée mondialement, et Saab, autre marque automobile dont la réputation la place au-dessus de sa concurrente nationale. Sans compter que la Suède est aussi un des premiers fabricants au monde de papier, les immenses forêts suédoises et finlandaises pourvoyant aisément à la matière première....

En 2005, les chiffres de l'économie suédoise sont séduisants : chômage faible et finances publiques en bonne santé. À l'image des chantiers de Göteborg, les grandes reconversions (vers les services) ont été plutôt couronnées de succès. Reste quelques ombres au tableau : les privatisations massives ont laissé certains Suédois au bord du chemin et le système de santé est devenu, au dire des observateurs, trop élitiste...

Mais on peut compter sur les Suédois pour se faire entendre sur le sujet. La Suède compte en effet le plus fort taux de syndiqués d'Europe, plus de 70 % des actifs! Un certain fantasme de la Suédoise, surnommée SAS (sea, sex and sun) dans les années 1970, et d'un art de vivre à la suédoise où, comme en Finlande et au Danemark, le bois est roi dans les logis...

Janusiens, simples et pointilleux

Le design et l'automobile ne sont pas les seuls secteurs où s'épanouissent les qualités avant-gardistes des Suédois. Dans beaucoup de domaines artistiques, à l'image des films d'INGMAR BERGMAN, on trouve des créateurs qui placent régulièrement le pays sous les projecteurs. Qui aurait oublier le groupe ABBA et ses chansons véritables hymnes à la nature, qui ont fait de nombreux émules durant la dernière décennie musicale...

Les Suédois sont janusiens, simples et extrêmement pointilleux. Que dire de leurs conventions, qui vont même jusqu'à lancer des invitations à dîner au-delà de trente jours... Avec de telles richesses patrimoniales et culturelles, on comprend encore un peu mieux la comparaison (on devrait dire la proximité) avec les Français, que vous aurez peut-être jugée hardie quelques lignes plus avant...

Tous ces caractères particuliers octroient aux Suédois (comme aux Français) la possibilité d'un comportement spécifique et hors normes... L'identité empreinte quelquefois des méandres inconnus à la logique, à l'image de cette Suède, où le citoyen est pétri de mesures sociales dès la naissance, d'où une vie que l'on veut quelquefois rêvée, mais dont le mauvais côté reste une certaine difficulté à la spontanéité...

Rencontre expresse

SVEN, le premier retraité délocalisé...

Il s'appelle SVEN, il a 66 ans et vit à Täby près de Stockholm. Il y a quelques semaines, à la demande de sa municipalité (en Suède, ce sont les communes qui ont en charge la santé des personnes âgées), SVEN a fait ses bagages. Mais il a dû rechercher au plus profond de ses tiroirs pour mettre la main sur un maillot de bain, des serviettes de plage et une casquette. Car SVEN a été prié par sa ville d'aller faire un séjour à... Palma de Majorque en Espagne, devenant ainsi l'un des premiers retraités délocalisés. La petite ville suédoise a en effet fait ses calculs : à service équivalent, une journée de soins à une personne âgée coûte environ 200 euros en Suède, moitié moins en Espagne! Aux dernières nouvelles, la Suède compte bien développer l'expérience...

Pour confronter clichés et réalité, voir page 60

Toujours de simples grands-blonds, les Suédois?

© Eyrolles

Les Tchèques :
Un potentiel qui demande confirmation

Quand l'histoire est romantique, elle nous offre la Bohème et la Moravie, les villages de Cesky Krumlov et de Telc (tous deux inscrits au patrimoine mondial de l'Unesco); quand elle se prend pour la géographie, nous avons la Tchécoslovaquie… Bohème et Moravie, c'est tout de même plus joli !

Nos amis Tchèques et leurs cousins Slovaques ont toujours vécu ensemble et continueront à l'évidence à se forger un avenir commun, maintenant que l'occasion leur en est donnée au sein de l'Union européenne…

Cyrille et Méthodes convertirent les Tchèques, descendants des Boïens (qui donnèrent la Bohème) au christianisme; et c'est Saint-Venceslas, l'icône du christianisme tchèque, qui évangélisa le pays au Xe siècle. Quant à la devise des présidents tchèques, «Vérité vaincra», elle vient de Jan Hus, précurseur de la réforme au XVe siècle, qui fut brûlé vif…

Les Tchèques peuvent s'enorgueillir d'avoir donné à l'Europe et au monde un aréopage d'hommes influents tels Coménius (le philosophe), Palacky (l'historien), le dissident philosophe Vaclav Havel (principal initiateur de la chute du régime communiste) et avant lui l'un des deux initiateurs de la Tchécoslovaquie version démocratie, Masazyck (le second étant le Slovaque Stefanik).

Histoire mouvementée

Comme les Slovaques, les Tchèques, en la personne de Janosik, image de la résistance nationale, combattirent l'occupation hongroise et la menace turque. Et plus tard, de la malheureuse Tchécoslovaquie dépecée par Hitler et soutenue par le démocrate Edvard Benes, les communistes Gottwald et Novotny confisqueront le pouvoir au profit de Moscou…

Et puis il y a Prague, la capitale tchèque. Prague où le printemps naissant portait de vieux espoirs, Prague aux symboles de DUBCEK et du général SVOBODA. Du printemps de Prague, on conserve la mémoire d'un jeune étudiant qui se sacrifia en s'immolant par le feu, JAN PALACH, le héros tragique. Nous gardons aussi le souvenir d'un journaliste, autre figure de ceux qui surent dire non à l'invasion soviétique : JIRI PELIKAN. C'est à son effigie que les Praguois érigent de nos jours des monuments à la mémoire de tous ceux qui s'opposèrent au régime communiste.

Et il faudra attendre la chute du mur de la honte pour que les Tchèques relèvent enfin la tête grâce à VACLAV HAVEL et à Monseigneur TOMACEK; c'était la révolution de velours, un tissu qui absorbe bien les larmes et qui, en 1989, constituait le linceul du régime communiste...

Des ingénieurs de talent

Les Tchèques, c'est aussi FRANZ KAFKA et SMETANA, figures d'un peuple décidé et cultivé, attaché à son pays et à son histoire. Un peuple qui a su prendre son avenir en main, et si les Tchèques produisent d'excellentes bières comme la Budvar ou la Pilsen Urquell, ils possèdent aussi des ingénieurs de grand talent, symboles d'un pays fabriquant d'armes de renom, d'automobiles comme les Skoda (d'accord, ce ne sont pas des Ferrari) ou les solides camions Tatra...

À ces ingénieurs comme aux autres forces vives de la République tchèque, ce n'est toutefois pas le travail qui manque tant la tâche du pays reste immense au regard du retard accumulé pendant des décennies. La transformation d'une économie socialiste à une économie capitaliste ne se digère pas en quelques heures, ni en quelques années.

L'industrie a enfin engagé des restructurations longtemps différées mais à quels prix... Si globalement, le chômage et l'inflation semblent durablement maîtrisés, dans certaines régions sinistrées comme la Bohème du Nord et la Moravie du Nord, les perspectives d'amélioration apparaissent encore bien minces, même avec les aides communautaires...

Sans compter que la société tchèque dans son ensemble reste un peu démoralisée (pour ne pas dire traumatisée) par deux boulets qu'elle traîne depuis longtemps : la faiblesse du pouvoir d'achat et la «vitalité» de la corruption et de la criminalité qui certes régressent, mais sont loin d'avoir totalement disparues...

Etonnants comme leur cuisine

Les Tchèques sont comme leur cuisine, étonnants. On vous servira par exemple un plat de Knödel comme en Autriche (des boulettes de farine à la pomme de terre qui accompagnent la viande de porc), mais les Knödel tchèques peuvent aussi être sucrées avec des fruits, même en plat principal. Nous sommes en Europe centrale, et là-bas, on est friand de Strudel, de gâteaux au pavot ou au fromage. Ceci pour dire que les Tchèques sont de fins gourmets, de surcroît sucrés-salés, un peu comme leur histoire...

Ils sont aussi comme leur capitale, «cœur magique de l'Europe»; une ville dans un écrin, plus petite que Paris, mais romantique, avec ses ruelles baroques; une cité dotée d'un patrimoine exceptionnel, appartenant au romantisme du triangle Vienne-Budapest-Prague. Un patrimoine qui ne fait cependant pas tout et des lauriers qui demandent à être entretenus et développés. Comme les Tchèques avec leur potentiel...

Nouvel art de vivre

Les Tchèques sont indépendants, surtout les jeunes générations; ils consacrent beaucoup de temps à leur foyer et aiment laisser passer le temps dans les auberges et les salons de thé. On s'y retrouve entre amis, et comme en France, les sujets de conversation tournent autour de la politique. À Prague, on profite de la ville tous les jours, surtout depuis la réalisation des pistes cyclables; en été, ça vaut le détour...

Arnaque

Les petits porteurs tchèques victimes du «Pirate de Prague»

Lors des vagues de privatisations qui ont eu lieu dans les années 1990, des dizaines de milliers de petits porteurs tchèques ont été spoliés (certains furent ruinés) par des «affairistes», en réalité de véritables escrocs bien organisés profitant de l'inexpérience naïve des Tchèques dans le domaine des placements financiers. Au premier rang de ces escrocs, figure celui que le magazine *Fortune* a surnommé «le pirate de Prague» : un Praguois parti étudier la finance dans la prestigieuse université américaine d'Harvard, avant de revenir dans sa ville et d'escroquer près de 400 millions d'euros à ses compatriotes. Le «pirate» est aujourd'hui inculpé d'escroquerie et d'abus de confiance... Il fait l'objet de plusieurs poursuites judiciaires dans différents pays.

Pour confronter les stéréotypes
à la réalité, voir page 62

Toujours aussi rustres,
les Tchèques?

4

DEMAIN, TOUS EUROPÉENS?

La citoyenneté européenne : quand et comment...

L'Europe à coup de traités

La construction européenne s'est faite à coups de traités : celui de Rome en 1957, l'Acte unique en 1986, celui de Maastricht en 1992 et celui d'Amsterdam en 1997.

Elle n'a jamais été l'affaire des Européens eux-mêmes, mais uniquement de leurs élites. Les peuples des États membres sont, au mieux, restés spectateurs. Ils n'ont jamais été acteurs de leur propre intégration dans un ensemble qui compte aujourd'hui vingt-cinq pays et plus de 450 millions d'habitants.

Scoop : le «citoyen européen» existerait depuis février 1992...

C'est le Traité d'Union européenne, signé à Maastricht le 7 février 1992 par les États membres (douze à l'époque) qui instaure constitutionnellement la citoyenneté européenne. Il confère aux ressortissants de l'Union le droit de circuler, séjourner, s'installer, travailler, étudier dans les autres États membres, leur octroie les droits de l'électorat et de l'éligibilité, leur offre la protection diplomatique et consulaire de la part de tous les États membres.

Le Traité d'Amsterdam (1997) confirme et renforce celui de Maastricht. Il fixe comme priorité une société démocratique qui vise à l'épanouissement des femmes et des hommes qui vivent sur le territoire de l'Union. À Amsterdam, les droits de l'homme ont d'une certaine manière compléter ceux du citoyen.

Citoyenneté européenne introuvable

Le paradoxe est que, si l'Europe des citoyens semble en marche, la citoyenneté européenne apparaît lointaine, voire impossible même à imaginer. Cerner la notion de citoyenneté européenne, la sentir dans son cœur et dans ses tripes, reste très difficile à chacun de nous.

Nos élites (vous savez, ceux qui font l'Europe en catimini et à notre insu) n'en sont toutefois pas les seuls responsables et cette difficulté trouve en partie son origine dans l'histoire de l'Europe et dans l'histoire de France. C'est avec la Révolution française et la Déclaration des droits de l'homme et du citoyen de 1789 que naît la citoyenneté moderne, véritable statut du citoyen lui conférant des droits et des obligations en vue de sa participation à la souveraineté de sa communauté de rattachement : l'État-nation.

Cette citoyenneté moderne s'est ainsi construite à l'encontre de l'unité européenne.

Quelques conditions à réunir
pour qu'elle voit le jour

Les plus attachés à la construction européenne mettent régulièrement en avant que pour que la notion de citoyenneté européenne prenne consistance, il faudrait réunir de nombreuses
conditions. Ils en proposent généralement quatre :

- Acquérir des valeurs civiques communes.
- S'attacher autant que possible à développer une culture commune.
- Instaurer une citoyenneté européenne basée non plus sur la
nationalité, mais sur la résidence sur le territoire de l'Union;
c'est en effet précisément cette acquisition de la citoyenneté
par la résidence qui permettra à un peuple européen de se for-
mer.
- Doter l'Union européenne d'une personnalité juridique réelle :
on voit mal en effet comment une citoyenneté européenne
pourrait s'organiser dans un système de droits sans État...

Se fabriquer petit à petit une histoire commune...

Outre ces quatre conditions, il est important que les Européens se
dotent petit à petit d'une histoire commune qui fournirait la base
de la réalité sociologique nécessaire à tout projet politique tel
que celui de l'Union.

BÉNÉDICTE RENAUD (doctorante au Centre de recherche politique
RAYMOND ARON) rappelle très justement que l'identité d'un homme
et d'une société se fonde sur une conscience historique et que la
conscience d'une histoire commune peut permettre d'imaginer un
avenir commun.

Il est urgent que les Européens commencent à «s'apprendre» ...

Avant d'être, les Européens doivent donc s'apprendre.... C'est la raison pour laquelle nous avons décidé d'écrire ce livre. Notre souhait est qu'il ait pu contribuer, même modestement, à cet apprentissage.

En effet, depuis plus de cinquante ans, la construction européenne à marche forcée édite et promulgue traités, directives et dérégulations.

Nos élites ont installé l'Europe à l'insu des peuples («l'Europe en catimini», selon le mot de MAURICE FAURE, signataire du traité de Rome en 1957).

Aujourd'hui encore, à l'heure d'enjeux aussi capitaux que celui de l'entrée dans l'Union de la Turquie, l'Ukraine, la Croatie, la Bulgarie ou la Roumanie, tenter de faire l'Europe sans les Européens constitue le principal échec de la classe dirigeante européenne dans sa relation avec les citoyens européens.

L'élément fondamental de la construction européenne n'est en effet ni le traité de Maastricht, ni le Livre blanc de la Commission, ni la directive sur l'harmonisation des rails de chemin de fer, ni même l'euro...

L'élément fondamental de la construction européenne, «oublié» par les pères fondateurs et ceux qui leur ont succédé, c'est l'Européen, c'est-à-dire les millions d'hommes et de femmes qui composent l'Europe.

Résultat : l'Europe n'existe pas encore, ou seulement in statu nascendi (à l'état naissant) et ne sera l'entité qu'elle aspire à devenir que lorsque les Européens se reconnaîtront mutuellement comme des partenaires relevant d'une même identité culturelle; lorsqu'ils communiqueront entre eux, créeront la sociabilité à l'échelle de l'Europe, coopéreront et entreprendront ensemble.

> **Amin MAALOUF**
> **Historien et**
> **romancier**
> *Les Identités*
> *meutrières,*
> **L.G.F., Le livre**
> **de poche, 2001**

Sans état d'âme, nous émettons des jugements sur telle ou telle population qui serait «travailleuse», «habile» ou «paresseuse», «susceptible», «sournoise», «fière» ou «obstinée», et cela se termine quelquefois dans le sang.

Je sais qu'il n'est pas réaliste d'attendre de tous nos contemporains qu'ils modifient du jour au lendemain leurs habitudes d'expression. Mais il me paraît important que chacun de nous prenne conscience du fait que ses propos ne sont pas innocents, et qu'ils contribuent à perpétuer des préjugés qui se sont avérés, tout au long de l'Histoire, pervers et meurtriers.

Ainsi que vous l'aurez constaté en parcourant cet ouvrage, cela passe d'abord par la remise en cause de bien des préjugés et par l'apprentissage de l'autre.

Et il y a urgence... car avant d'être, les Européens doivent donc s'apprendre... C'est la raison pour laquelle nous avons décidé d'écrire ce livre. Notre souhait est qu'il est contribué, même modestement à cet apprentissage.

ANNEXES

I.
LA CARTE DE L'UNION EUROPÉENNE

N

- L'Europe de la zone euro
- L'Europe des 25

FINLANDE

SUEDE

ESTONIE

DANEMARK

LETTONIE

LITUANIE

IRLANDE

ROYAUME-UNI

PAYS-BAS

BELGIQUE

ALLEMAGNE

POLOGNE

LUXEMBOURG

REP. TCHEQUE

FRANCE

SLOVAQUIE

AUTRICHE

HONGRIE

SLOVÉNIE

PORTUGAL

ESPAGNE

ITALIE

GRECE

MALTE

CHYPRE

II.
TABLEAU DE BORD : LA FICHE DES 25 PAYS DE L'UNION

(Source : Atlas Europe, Michelin Editions)

Allemagne

Superficie	**357 020 km^2**
Population	**82 536 700 habitants**
% de la population de l'Union	**18,1**
Capitale	**Berlin**
Monnaie	**Euro**
Régime	**République Fédérale**
Langue	**L'allemand**
Formalités d'entrée	**Carte nationale d'identité ou passeport**
Date d'entrée dans l'Union	**1957 (CEE)**

Autriche

Superficie	**83 859 km^2**
Population	**8 067 300 habitants**
% de la population de l'Union	**1,8**
Capitale	**Vienne**
Monnaie	**Euro**
Régime	**République Fédérale**
Langue	**L'allemand**
Formalités d'entrée	**Carte nationale d'identité ou passeport**
Date d'entrée dans l'Union	**1995**

© Eyrolles

Belgique

Superficie	**30 518 km^2**
Population	**10 355 800 habitants**
% de la population de l'Union	**2,3**
Capitale	**Bruxelles**
Monnaie	**Euro**
Régime	**Monarchie constitutionnelle, État Fédéral**
Langue	**L'allemand, le français, le néerlandais**
Formalités d'entrée	**Carte nationale d'identité ou passeport**
Date d'entrée dans l'Union	**1957 (CEE)**

Bruxelles

Chypre

Superficie	**9 251 km^2 dont 5 895 en zone grecque**
Population	**715 100 habitants dont 77 % de grecs**
% de la population de l'Union	**0,2**
Capitale	**Nicosie**
Monnaie	**Livre chypriote**
Régime	**République membre du Commonwealth**
Langue	**Le grec et le turc**
Formalités d'entrée	**Carte nationale d'identité ou passeport**
Date d'entrée dans l'Union	**2004**

Nicosie

Danemark

Superficie	**43 094 km^2**
Population	**5 383 500 habitants**
% de la population de l'Union	**1,2**
Capitale	**Copenhague**
Monnaie	**Couronne danoise**
Régime	**Royaume (Monarchie parlementaire)**
Langue	**Le danois**
Formalités d'entrée	**Carte nationale d'identité ou passeport**
Date d'entrée dans l'Union	**1973 (CEE)**

Copenhague

Espagne

Superficie	**504 790 km^2**
Population	**40 683 000 habitants**
% de la population de l'Union	**9,1**
Capitale	**Madrid**
Monnaie	**Euro**
Régime	**Royaume (monarchie parlementaire)**
Langue	**L'espagnol**
Formalités d'entrée	**Carte nationale d'identité ou passeport**
Date d'entrée dans l'Union	**1986 (CEE)**

Madrid

Estonie

Superficie	**45 215 km^2**
Population	**1 356 000 habitants**
% de la population de l'Union	**0,3**
Capitale	**Tallinn**
Monnaie	**Couronne estonienne**
Régime	**République parlementaire**
Langue	**L'estonien**
Formalités d'entrée	**Passeport**
Date d'entrée dans l'Union	**2004**

Tallinn

Finlande

Superficie	**304 530 km^2**
Population	**5 206 300 habitants**
% de la population de l'Union	**1,1**
Capitale	**Helsinki**
Monnaie	**Euro**
Régime	**République parlementaire**
Langue	**Le finnois et le suédois**
Formalités d'entrée	**Carte nationale d'identité ou passeport**
Date d'entrée dans l'Union	**1995**

Helsinki

France

Superficie	**543 965 km^2**
Population	**59 630 100 habitants**
% de la population de l'Union	**13,1**
Capitale	**Paris**
Monnaie	**Euro**
Régime	**République de type a la fois présidentiel et parlementaire**
Langue	**Le français**
Formalités d'entrée	**Carte nationale d'identité ou passeport**
Date d'entrée dans l'Union	**1957 (CEE)**

Paris

Grèce

Superficie	**131 626 km^2**
Population	**11 018 400 habitants**
% de la population de l'Union	**2,4**
Capitale	**Athènes**
Monnaie	**Euro**
Régime	**République**
Langue	**Le grec**
Formalités d'entrée	**Carte nationale d'identité ou passeport**
Date d'entrée dans l'Union	**1981 (CEE)**

Athènes

© Eyrolles

170

Hongrie

Superficie	**93 032 km^2**
Population	**10 142 400 habitants**
% de la population de l'Union	**2,2**
Capitale	**Budapest**
Monnaie	**Forint**
Régime	**République parlementaire**
Langue	**Le hongrois ou magyar**
Formalités d'entrée	**Carte nationale d'identité ou passeport**
Date d'entrée dans l'Union	**2004**

Irlande

Superficie	**70 273 km^2**
Population	**3 963 600 habitants**
% de la population de l'Union	**0,9**
Capitale	**Dublin**
Monnaie	**Euro**
Régime	**République**
Langue	**L'anglais ou le gaélique**
Formalités d'entrée	**Carte nationale d'identité ou passeport**
Date d'entrée dans l'Union	**1973 (CEE)**

Italie

Superficie	**301 316 km^2**
Population	**57 321 100 habitants**
% de la population de l'Union	**12,6**
Capitale	**Rome**
Monnaie	**Euro**
Régime	**République parlementaire**
Langue	**L'italien**
Formalités d'entrée	**Carte nationale d'identité ou passeport**
Date d'entrée dans l'Union	**1957 (CEE)**

Lettonie

Superficie	**64 589 km^2**
Population	**2 331 500 habitants**
% de la population de l'Union	**0,5**
Capitale	**Riga**
Monnaie	**Lats letton**
Régime	**République parlementaire**
Langue	**Le letton**
Formalités d'entrée	**Passeport**
Date d'entrée dans l'Union	**2004**

© Eyrolles

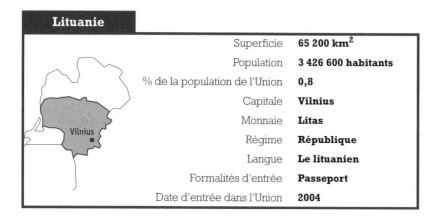

Lituanie

Superficie	**65 200 km^2**
Population	**3 426 600 habitants**
% de la population de l'Union	**0,8**
Capitale	**Vilnius**
Monnaie	**Litas**
Régime	**République**
Langue	**Le lituanien**
Formalités d'entrée	**Passeport**
Date d'entrée dans l'Union	**2004**

Luxembourg

Superficie	**2 586 km^2**
Population	**448 300 habitants**
% de la population de l'Union	**0,1**
Capitale	**Luxembourg**
Monnaie	**Euro**
Régime	**Monarchie constitutionnelle parlementaire**
Langue	**Le luxembourgeois, l'allemand, le français**
Formalités d'entrée	**Carte nationale d'identité ou passeport**
Date d'entrée dans l'Union	**1957 (CEE)**

Malte

Superficie	**316 km^2**
Population	**397 300 habitants**
% de la population de l'Union	**0,1**
Capitale	**La Valette**
Monnaie	**Livre maltaise**
Régime	**République membre du Commonwealth**
Langue	**Le maltais ou malti et l'anglais**
Formalités d'entrée	**Carte nationale d'identité ou passeport**
Date d'entrée dans l'Union	**2004**

Valetta

Pays-Bas

Superficie	**33 882 km^2**
Population	**16 192 600 habitants**
% de la population de l'Union	**3,6**
Capitales	**Amsterdam (capitale de fait) et La Haye (siège du Gouvernement)**
Monnaie	**Euro**
Régime	**Monarchie parlementaire**
Langue	**Le néerlandais**
Formalités d'entrée	**Carte nationale d'identité ou passeport**
Date d'entrée dans l'Union	**1957 (CEE)**

Amsterdam

Pologne

Superficie	**312 677 km^2**
Population	**38 218 500 habitants**
% de la population de l'Union	**8,5**
Capitale	**Varsovie**
Monnaie	**Zloty**
Régime	**République**
Langue	**Le polonais**
Formalités d'entrée	**Passeport**
Date d'entrée dans l'Union	**2004**

Portugal

Superficie	**91 906 km^2**
Population	**10 407 500 habitants**
% de la population de l'Union	**2,3**
Capitale	**Lisbonne**
Monnaie	**Euro**
Régime	**République parlementaire**
Langue	**Le portugais**
Formalités d'entrée	**Carte nationale d'identité ou passeport**
Date d'entrée dans l'Union	**1986 (CEE)**

République Tchèque

Superficie	**78 864 km^2**
Population	**10 203 300 habitants**
% de la population de l'Union	**2,2**
Capitale	**Prague**
Monnaie	**Couronne tchèque**
Régime	**République parlementaire**
Langue	**Le tchèque**
Formalités d'entrée	**Passeport**
Date d'entrée dans l'Union	**2004**

Royaume-Uni

Superficie	**243 820 km^2**
Population	**59 328 900 habitants**
% de la population de l'Union	**13**
Capitale	**Londres**
Monnaie	**Livre sterling**
Régime	**Monarchie constitutionnelle**
Langue	**L'anglais**
Formalités d'entrée	**Carte nationale d'identité ou passeport**
Date d'entrée dans l'Union	**1973 (CEE)**

© Eyrolles

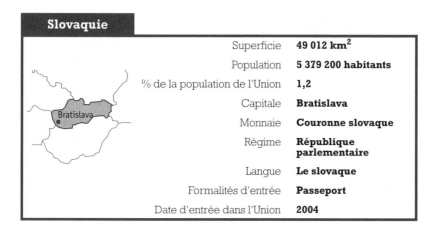

Slovaquie

Superficie	**49 012 km^2**
Population	**5 379 200 habitants**
% de la population de l'Union	**1,2**
Capitale	**Bratislava**
Monnaie	**Couronne slovaque**
Régime	**République parlementaire**
Langue	**Le slovaque**
Formalités d'entrée	**Passeport**
Date d'entrée dans l'Union	**2004**

Slovénie

Superficie	**20 256 km^2**
Population	**1 995 000 habitants**
% de la population de l'Union	**0,4**
Capitale	**Ljubljana**
Monnaie	**Tolar**
Régime	**République**
Langue	**Le slovène**
Formalités d'entrée	**Carte nationale d'identité ou passeport**
Date d'entrée dans l'Union	**2004**

Suède

Superficie	**449 964 km^2**
Population	**8 940 800 habitants**
% de la population de l'Union	**2**
Capitale	**Stockholm**
Monnaie	**Couronne suédoise**
Régime	**Royaume (monarchie parlementaire)**
Langue	**Le suédois**
Formalités d'entrée	**Carte nationale d'identité ou passeport**
Date d'entrée dans l'Union	**1995**

Stockholm

III.
Images d'Europe : ce que les pays de l'Union évoquent dans notre imaginaire

Pour préparer ce livre, nous avons rencontré des dizaines d'Européens avec qui nous avons évoqué les personnes bien sûr, mais aussi les pays. Il nous est donc apparu utile de retranscrire ici quelques images, personnages, références, marques, évènements ou sites spontanément associés, dans notre imaginaire collectif, aux États membres de l'Union. Certains de ces instantanés sont amusants, d'autres sont tragiques. Ils sont retranscrits de manière aléatoire et sans importance hiérarchique...

L'Allemagne, c'est...

Le mur de Berlin, la réunification, la forêt noire, la douceur du lac de Constance, WAGNER, GOETHE, Heidelberg, Porsche, Munich, les contes de GRIMM, l'ennemi des deux guerres mondiales, HITLER, les déportations, la Bavière, la bière allemande, la saucisse de Francfort, BMW, Mercedes, Michael SCHUMACHER, le Zeppelin, les Landers, le Bauhaus, Volkswagen, Fassbinder...

L'Autriche, c'est...

Les valses de Vienne, Vienne, SIGMUND FREUD, les Alpes, la musique, le Tyrol, le chocolat viennois, la dynastie des HABSBOURG, Salzbourg, MOZART, JOSEPH HAYDN, LUDWIG VON BEETHOVEN, FRANZ SCHUBERT, JOHANN STRAUSS, le baroque, l'opérette, la dureté, l'intransigeance, le folklore, le ski, la montagne, KARL BÔHM, ROMY SCHNEIDER, Innsbruck, GUSTAV MAHLER, HERBERT VON KARAJAN, FRITZ LANG...

La Belgique, c'est...

Le plat pays, les moules et les frites, la Grand-Place, Bruxelles, JACQUES BREL, Bruges et ses canaux, le port d'Anvers, les Flamands, les Wallons, la Commission européenne, MAGRITTE, les Gilles, EMILE VERHAEREN, la Sabena, les terrils, le Congo belge, HERGÉ, les chocolats Léonidas, LE ROI BAUDOIN, le carnaval, CÉSAR FRANCK, GEORGES SIMENON, le waterzooi...

Chypre, c'est...

Une petit île, les villages pittoresques, le patrimoine antique, APHRODITE, Nicosie, la division entre la partie grecque et la partie turque, les tisseuses de napperons, les falaises abruptes, les montagnes...

Le Danemark, c'est...

La petite sirène de Copenhague, Copenhague, Odense, la pêche, les légos, les contes d'ANDERSEN, les Vikings, le design, les maisons aux façades colorées, Tivoli, l'akvavit, la neige, le froid, les hivers longs...

L'Espagne, c'est...

Le flamenco, DON QUICHOTTE et SANCHO PANÇA, CERVANTÈS, la Catalogne, le Pays-Basque, SALVADOR DALI, GAUDI, la corrida, la paëlla, l'Andalousie, Madrid, Barcelone, la movida, l'exposition universelle de Séville, la fête, Grenade et Cordoue, JOAN MIRO, Tàpies, la Guerre d'Espagne, FRANCO, JUAN CARLOS, les tapas, les attentats de la gare de Madrid en 2004, CERVANTÈS, le football, le xéres, PICASSO, le musée du Prado, les îles Canaries...

L'Estonie, c'est...

Les villages, la pauvreté, les paysans, la mer Baltique, les marécages, le joug soviétique, les pêcheurs, Tartu, l'atmosphère médiévale, le folklore traditionnel...

La Finlande, c'est...

Le froid, l'hiver permanent, la neige, Helsinki, le Père Noël, la tranquillité, Internet, le Grand Nord, les raquettes, la toundra, les scieries, la pâte à papier, la propreté, les rennes, les traîneaux, les Vikings, les Lapons, la rudesse...

La France, c'est...

Paris, la Tour Eiffel, le bibendum Michelin, le camembert, le champagne, Saint-Laurent, Montmartre, le luxe, Saint-Germain-des-Près, la fusée Ariane, VICTOR HUGO, le Mont Saint-Michel, le bon vin, la sécurité sociale, ZIDANE, le Louvre, les Champs-Elysées, le château de Versailles, Napoléon, le Général DE GAULLE, Marianne, le TGV, la baguette de pain, JULES VERNE, MOLIÈRE, MARIE CURIE, le Tour de France, le Moulin Rouge...

La Grèce, c'est...

Les Jeux Olympiques, HOMÈRE, ULYSSE, l'Antiquité, l'Acropole d'Athènes, les Dieux, Delphes, Olympie, MÉLINA MERCOURI, le Parthénon, le sandwich grec, la Macédoine, la Crète, l'ouzo, Thrace, les raisins de Corinthe, le Pirée...

La Hongrie, c'est...

Le Danube, Budapest, la musique tzigane, le goulasch, ROBERT CAPA, ANDRÉ KERTÉSZ, le paprika, le cinéma hongrois, MOR JOKAI, le tokay, le violon, les pâtisseries à la crème, les traditions, le folklore, BÉLA BARTOK, la vie ouvrière...

L'Irlande, c'est...

Les étendues de lande, les îles d'Aran, les pulls irlandais, la bière, la Guinness, le stout, les pubs, le whisky, OSCAR WILDE, le rugby, la couleur verte, Galway, les lacs, les conflits religieux, la SAINT-PATRICK, la pluie, U2, les Celtes, les Gaëls...

L'Italie, c'est...

Rome, Venise, les pâtes, les pizzas, la tchatche, le football, la mafia, le raffinement, l'art, la Renaissance, LÉONARD DE VINCI, la Befana, Naples, Florence, la Sicile, la dolce vita, la fontaine de Trévi, FEDERICO FELLINI, Ferrari, l'agitation, les vespas, VERDI, le Capitole, la chapelle Sixtine, la Tour de Pise, la Place Saint-Marc, le Caruso, Fiat, SACCO et VANZETTI, MUSSOLINI, la Villa Médicis, FANGIO, SOPHIA LOREN, la mozzarella...

La Lettonie, c'est...

Où?

La Lituanie, c'est...

L'affaire MARIE TRINTIGNANT-BERTRAND CANTAT, Vilnius, les cigognes blanches, l'isthme de Courlande, les chants et les danses folkloriques, une République balte, les bocages, l'URSS, les forêts...

Le Luxembourg, c'est...

Les banques, les Institutions européennes, l'argent, le Grand Duché, le multilinguisme, Luxembourg-ville, la petite Suisse luxembourgeoise, le comte SIGEFROI, RTL, la bière, le cochon de lait en gelée, les grottes...

© Eyrolles

Malte, c'est...

Les chevaliers, La Valette, l'Ordre de Malte, les rochers, Gozo, les Croisés, les Hospitaliers, les villages médiévaux, la langue malti...

Les Pays-Bas, c'est...

La Hollande, les vélos, les canaux, les moulins à vent, VERMEER, le gouda, SAINT-NICOLAS, les rollmops, l'édam, les tulipes, REMBRANDT, VINCENT VAN GOGH, la faïence de Delft, la cour pénale internationale de La Haye, le hareng saur, l'anguille fumée, les drogues douces en vente libre, Rotterdam, le patinage en plein air, les coiffes, les sabots, Mata-Hari...

La Pologne, c'est...

KAROL WOJTYLA (Jean-Paul II), LECH WALESA, les chantiers navals de Gdansk, Varsovie, Cracovie, Auschwitz-Birkenau, les églises, ROMAN POLANSKI, KRZYSZTOF KIESLOWSKI, Solidarnosc, le pacte de Varsovie, les grands magasins ouverts le dimanche, l'agriculture, les émeutes de Poznan, le général JARUZELSKI...

Le Portugal, c'est...

Lisbonne, la morue séchée, les femmes de ménage, les maçons, le soleil, le sens du travail, le vinho verde, les montagnes de l'Algarve, les sardines, les calamars, le fado, AMÀLIA RODRIGUEZ, VASCO DE GAMA, la Révolution des Œillets, le football, Porto, les vignes, les oliviers, le porto...

La République tchèque, c'est...

Prague, VACLAV HAVEL, le Golem, le «coup de Prague», le Printemps de Prague, les façades Art nouveau de la rue Nationale, le baroque, la Bohême, ANTON DVORAK, FRANZ KAFKA...

Le Royaume-Uni, c'est...

Big Ben, la monarchie, LA REINE MÈRE, LADY DIANA, la conduite à gauche, LE PRINCE CHARLES, le thé, Buckingham Palace, Oxford et Cambridge, ELIZABETH II, SHAKESPEARE, la finance, les soldes chez Harrod's, LES BEATLES, les hooligans, DAVID BECKHAM, les tabloïds, MARGARET THATCHER, la BBC, AGATHA CHRISTIE, BRIDGET JONES, CHARLES DICKENS, HAENDEL, le musée Tussaud, Tower Bridge, Hyde Park, la Royal Air Force, OASIS, SHERLOCK HOLMES, TURNER, la livre sterling, les bobbies...

La Slovaquie, c'est...

Les églises en bois des Carpates, Bratislava, les châteaux, l'architecture baroque, les villages médiévaux, la grisaille, la tristesse, les Carpates, le folklore...

La Slovénie, c'est...

Pas facile d'en parler!

La Suède, c'est...

Le prix Nobel, les grands-blonds, les forêts, les victimes des tsunamis d'Asie du Sud-Est en 2004, le grand air, la nature, Ikéa, BJORN BORG, Stockholm (la Venise du Nord), les maisons peintes, les églises baroques, la SAINT-JEAN, la SAINTE-LUCIE, les gâteaux à la cannelle, GRETA GARBO, INGMAR BERGMAN, Volvo, Olof Palme...

Composé par PCA
Achevé d'imprimer : Jouve – Paris

N° éditeur : 3145
N° d'imprimeur : 368917N
Dépôt légal : mars 2005
Imprimé en France